心动力

企业团队制胜的人心密码

季滕崃◎著

中国财富出版社

图书在版编目（CIP）数据

心动力：企业团队制胜的人心密码 / 季滕崃著．—北京：中国财富出版社，2015.7

（华夏智库·金牌培训师书系）

ISBN 978 - 7 - 5047 - 5660 - 2

Ⅰ.①心…　Ⅱ.①季…　Ⅲ.①企业管理 - 组织管理学 - 研究
Ⅳ.①F272.9

中国版本图书馆 CIP 数据核字（2015）第 079676 号

策划编辑	刘淑娟	**责任印制**	方朋远
责任编辑	姜莉君	**责任校对**	饶莉莉

出版发行	中国财富出版社		
社　　址	北京市丰台区南四环西路 188 号 5 区 20 楼	**邮政编码**	100070
电　　话	010 - 52227568（发行部）		010 - 52227588 转 307（总编室）
	010 - 68589540（读者服务部）		010 - 52227588 转 305（质检部）
网　　址	http：//www.cfpress.com.cn		
经　　销	新华书店		
印　　刷	北京京都六环印刷厂		
书　　号	ISBN 978 - 7 - 5047 - 5660 - 2/G·0620		
开　　本	710mm×1000mm　1/16	**版　　次**	2015 年 7 月第 1 版
印　　张	13	**印　　次**	2015 年 7 月第 1 次印刷
字　　数	161 千字	**定　　价**	35.00 元

推荐序

我一直在思考：在当下社会，解决什么问题可以让更多人生活得更好？从小圣贤书教化我们：水能载舟，亦能覆舟；民为贵，君为轻……今天的商业竞争社会是人类的进步还是人类用所谓的创造发明来毁灭自然规律？

今天，在社会中有一群人选择了一个职业——老板，无可厚非，老板在中国三十多年的改革开放中起到了谁也无法否认的推动力——就业、税收……但历史的车轮到了今天，无数的中小企业老板已经走到生死存亡的关头。是进还是退？是搏还是收……过去是皓月当空的时代，今天却是群星灿烂，靠老板一个人推动公司发展的时代已经过去，需要老板和一伙人共同经营公司的时代已经到来，这正如古人所云："上下同欲者胜"。

老板如何同员工成为事业共同体呢？除了分配机制，更重要的前提是，员工必须是具备共同体条件的人。古往今来，无数人永远学习前人的结论，却忽略结论成立的前提。无数员工想要获得发展甚至成为股东，却永远忽略了它成立的前提。

本书作者季老师是我的朋友，他从责任、成果、孝顺、感恩等多个角度阐述了一个员工成为事业共同体的前提，既给老板选人提供了依据，又给想要发展的员工指明了方向。

本书是季老师用心之作，读的次数越多，感受和领悟就越深，收获也就越大。

今智塔科技集团董事长　王　冲

2015 年 3 月 2 日凌晨

前 言

在你的企业或者团队中，有没有存在下列情况：

你给员工的工资不低，但你团队内的成员看起来却总是委靡不振；

你有着足够的能力，但你的下属就是不服从你的管理；

你做得都很努力，也很多，但员工就是不领情；

明明是你看好的人，业绩却总是一般般；

你不断地加薪，却始终没有留住想留的人才……

很多管理者开始深有体会地点头：对对对，我的企业（团队）里就存在这样的问题。有很多管理者说："我觉得我做得已经够多、够努力了，我都感觉快累死了，为什么员工们还是不领情？"

那是因为你还把你的管理停留在"管事"的阶段。是，在企业内你为自己的团队做了很多事，甚至你还觉得自己永远有管不完的事，但是，你并没有取得满意的管理效果。这就是管理者只懂得"管事"的结果。习惯于"管事"，不信任下属，事必躬亲，不懂得授权，就算你再累，你的员工都不会领情。如何才能解决这种情况？

与其"管事"，不如"管人"。毕竟企业内的事务层出不穷，纵然你有三头六臂，也难以应付过来。所以，你要学会"管人"——授权给几个重要的下属，让他们替你分忧，给他们发挥自己能力的空间。

那么，问题又来了，怎样管理好这些重要下属呢？如何才能充分调动他们和员工们的积极性呢？很显然，如果仅仅靠“管人”，肯定难以奏效。此时，管理者必须要学会“管心”。懂得“管心”是管理的最高境界。

为什么说懂得“管心”是管理的最高境界？因为人的一切行为都是受心灵控制的，抓住了“人心”便统一了人们的行为，团队便有了凝聚力。伟大的思想家孟子在两千多年前就说过“得人心者得天下”，足可见会“管心”的领导才是最高明的领导。

世界上优秀的管理者都是通过“管心”来达到“管人”的目的的。所谓“管心”，就是管理者秉着“以人为本”的管理理念，通过非权力影响力，通过人性化管理来赢得员工的心。比如，通过自身的人格魅力、以身作则的品质来影响员工；通过感情投资，让员工感受到被重视、被尊重；通过对员工表达谢意、支持，来赢得员工的忠心和感恩之心……使员工感受到企业的信任和尊重，从而使他们认同企业，并自觉发挥自己的才智，达到“上下同欲”的“大和”目的。

古代兵家一直强调“攻城为下，攻心为上”，企业要想获得长久发展，就必须要在赢得“人心”上下工夫。无数事实也证明，优秀的管理者无一不是“管心”高手。所以，如果你想成为优秀的管理者，如果你想把自己的企业或者团队打造成所向无敌的“虎狼之师”，那么，就从现在开始，学习做一个“管心”高手吧。

作　者

2015 年 3 月

目录

第一章

启动心的力量

第一节　领导由人开始

1. 团队与工作组的区别

打造一支卓越的团队是每个企业都在追求的梦想，在人人都把“合作”挂在嘴边的今天更是如此。世界首富微软首席执行官比尔·盖茨说：“团队合作是企业获得成功的保证。”管理大师彼得·德鲁克说：“企业的成功靠的是团队而不是个人。”美国著名管理学家约翰·马克斯韦尔曾在他的书中这样写道：“世界杯中大部分甚至全部打进的球、好看的球，都是配合的结果，都是团队协作的结果。即使是最有名的球星也需要打配合。”

团队是企业做大做强的保障，那么，要充分发挥团队的力量，我们首先就要明白团队的内涵和特点，尤其是要明白团队与工作组的区别。

工作组作为新型的应运而生的组织形态，是对常规构成的组织形态的破坏性再造应用形式。团队和工作组两者既有区别，也有联系。所以可以根据不同情况选择应用，并且通过一定努力，工作组可以过渡到团队。

团队是现代企业管理中的一个重要概念。虽然很多人常把“团队”挂在嘴边，但是他们并没有真正理解“团队”的含义，甚至很多企业的管理者对团队的概念也是模糊不清。他们经常觉得“一群人一起干工作，他们之间非常友好”就是“团队”，严格地说，这只能算是一个工作组，而称不上是一个团队。

真正的团队是指由少数有互补技能，愿意为了共同的目的和目标而相互承担责任的人们组成的一个特殊群体。一个团队与一个工作组之间最大的差别就是：在一个团队中，成员所做的贡献和工作是相互依存的、互补的；而在一个工作组中，成员之间的工作在很大程度上是可以替换的、独立的。

另外，团队并不是一群人的机械组合，一个团队有共同的目标，其成员之间的行为相互影响，相互依存，并且能够很好地合作，以追求集体的最大成功。其绩效来源于团队成员个人的贡献，且永远大于团队成员个人贡献的总和。而工作组中成员没有协同工作的要求，其绩效等同于群体成员个人绩效的总和。

最根本的是，团队工作的主旨就是责任和放权。团队工作就是要把责任授予工作成员，以使团队成员在从事自己的工作时，不必时时向团队的管理者汇报。而工作组却不讲求授权，其成员承担的责任也相对较少。

正因为这些区别，团队的动态特性要求你采取不同于领导个人与领导小组的领导行为。而相比之下，工作组成员组合在一起仅仅是因为他们可以更方便地分享和接受信息。

为什么我们要理清团队和工作组的区别呢？因为一旦领导者对所领导对象产生误解，就很有可能会导致下列情况。

①领导者可能将团队建设的努力浪费于工作组建设之上，而实际上

工作组建设并不需要花费这么大精力。

②如果你领导的明明是一个团队，而你却以为自己领导的是一个工作组，从而没有发挥出必要的团队领导力，那么，这个团队的失败几乎是必然的。

③如果你领导的是一个工作组，不要动不动就在工作组成员中发挥你的团队领导力技能，对于工作组成员而言，他们需要的更多的是你一对一的具体指导；不过话说回来，尽管工作组也会需要某些团队技能，但你也不能因为这一点，就忽略自己在领导成员个人中所起到的作用，而这样的错位恰恰是很有可能发生的。

还有一点需要指出的是，并不是所用的组织都适合建立团队。因为打造一支团队并不是简单的事。首先，领导者的作用是举足轻重的。我们经常说，一个团队的成败，领导者要负 70% 的责任，虽然他只有一个人。其次，团队必须要有核心。换句话说，既然让一个领导者肩负重大的责任，就要确保他的核心地位，尊重他的最终裁决权。最后，要有一致对外的态度。对内可以全员参与，大家多商量，但是对外，大家只能有一个态度、一个说法。对外声音不一致的话，只能让外面的人觉得这是一支可笑的团队。

2. 团队管理的四个层级

《道德经》十七章中有云：“太上，不知有之；其次，亲而誉之；其次，畏之；其次，侮之。”这段论述，可以演绎成现代企业团队管理的四个层级。

（1）以“道”统一事业

《易经·系辞》中有云：“举而错之天下之民，谓之事业。”因此，只有把“道”运用在对天下的人都有利的事情上才能叫作事业。所以，这事业本身就具有崇高的目标和足够的号召力，由这个“事业”召集而来的有同等觉悟的人组建成的队伍必定是精英团队。在这个团队里，大家没有被管理的感觉，行动中不会受到限制，会自然而然地行事，这就是我们所说的“不知有之”。

这种管理就是我们很多企业里所期望的影响性管理，是目前最高级的管理方式。它是以员工自我管理为前提条件的，从根本上看，不存在需要管理者来调动员工的积极性和创造性的问题。

我国古代圣人早已认识到影响的重要性，孔子教育学生时很少疾言厉色，他通常是用和缓的口气跟人交流。这不但是孔子教学的态度，也是儒家的一贯作风。实际上，好的管理者不应当动不动就指责员工不该如何如何，而应当像孔子一样，平和地跟员工交流，通过自己的行为来影响身边的员工。很多时候，这比强制的做法更为有效。

正是由于影响性管理是从根本上来理解人，所以它具有最大的感召力。它比人性化管理更能体察人心，比人性化管理更加深入，所以，它能从本源上调动员工的积极性和创造性。这样一个企业就会像一个人一样，思想与行动能保持高度协调统一。“企业兴，则我兴，企业衰，则我衰，我与企业共生共荣”的关系从每个员工身上都会有所表现。有这样一个统一的思想，大家真正能够做到主动，做到相互支持，在这样的团队中，没有什么工作是做不好的。

影响性管理对管理者的要求更高、更全面，这种高度的对比关系是这样的：企业领导于员工就像孔子于自己的弟子。我们都知道，孔子的思想高度超出弟子太多了，所以，他的弟子才能折服。要达到这样的管理，对企业领导者来说，是一个不小的挑战。

（2）人性化管理

人性化管理是层次较高的一种管理方式，就是要管理者对团队的工作进行划分和分配，至于怎么做，就由成员来决定了。它从理念上改变了“管理就是想法儿管住你”的想法，强调把员工看成是一个个有思想的个体，通过对企业每一个成员的尊重，使他们对企业有一个家一样的感觉。这样的管理，其责、权、利能比较符合企业与员工的要求，能够得到团队成员的赞赏和支持，从而达到“亲之誉之”的境界。

正是由于人性化管理充分尊重了每个人，所以在这种企业中他们都感到很温暖，他们从内心深处把企业看成了自己的“家”，他们会想方设法把这个“家”建设好。这样的团队就有了凝聚力，并且能调动员工的积极性和创造性，员工不会有做样子给领导看的想法，也不会再有被强迫感，相反他们的主动性是发自内心的。在这种情况下，员工会超水平发挥，相应地，“踢皮球”现象、办事效率低的现象也就得到了很好的解决。

（3）制度化管理

这种管理方式以制度为标准，把制度当作企业的法律。员工进入企业后，首先要进行企业制度方面的培训教育，目的是让你充分了解企业的要求。在你以后的工作中，你就必须严格执行。在管理工作中，企业处处以制度为准绳。企业管理者相当于企业的执法人员，时不时地以制度来丈量你的一举一动，用制度规定员工能做什么、不能做什么。两个字概括其结果——“畏之”。

这种管理方式的好处是让员工先说话，让员工参与管理。这些制度是经过全体员工或员工代表评议通过的，所以员工对这种管理制度抱着一种接受的态度，不会产生抵触情绪。同时这种管理方式不是凭个别领导的喜好随便进行处罚，不是针对某个人的，所以当你违反了企业的某项规定，企业管理者对你进行处罚，你也无话可说。

制度化管理是比较容易让人接受的一个层次的管理，这种管理方式适合于员工素质不是很高也不是很低的企业。这就要求管理者在执行过程中不能随便抛开制度，一切要以制度说话，把制度看成企业的法律，把企业中上层领导看成是企业制度的“法官”。企业制度一旦通过并实施，即便发现制度有问题也不能随意修改，如要修改得通过全体员工或员工代表重新评议通过。

（4）自由化管理

所谓自由化管理，从字面上就可以明白，管理是完全自由的，领导者想管就管，不想管就放任自流。在这样的管理下，企业无愿景，管理无系统。企业是在自生自灭中发展的，组织成员消极怠工、阳奉阴违、效率低下，最后一致被认为“管理得实在太烂了”——如是“侮之”。

自由化管理其实就是无管理，一个企业如果没有管理必然是一盘散沙，如此管理，何谈凝聚力？这样的管理只有一个结果：员工离心离德，更别奢谈做大做强了。这样的企业根本无法适应市场经济的大潮，更别谈长久发展，所以，这种管理方式不适合于任何一种企业，没有一个企业能在这种管理环境中生存。管理者应该坚决将这种管理方式抛弃。

第二节 卓越源于信仰

1. 使命和愿景无价

有人说，这是一个信仰缺失或信仰扭曲的年代。表现在企业界，即当人们面对起伏不定的竞争时，会选择采取急功近利的短视行为以求自保。这种无底线的行为严重摇撼甚至摧毁了企业生存的根基。那么，有没有一种创造优质企业环境的模式，可以使我们的企业突破团队存在的局限，使企业具备基业常青的能力呢？当然有。那就是——为我们的企业确立正确的信仰，并坚守它。

什么是信仰？就个体而言，信仰意味着对某种事物或者主张的极度相信和尊敬，并把其作为自己行动的指南。就组织而言，信仰是指号召人群的旗帜，是凝聚人心的黏合剂，是激励精神、激发智慧的动力源。企业信仰是一个体系，主要包含两大构成要素。

（1）使命

即企业存在的目的是什么，我们这群人聚在一起是为了什么，我们应该自觉承担一种什么样的社会责任。使命感是一个人成功的动力，同样，对于一个企业来说，使命的作用也是巨大的。一位成功的企业家说：“什么才是企业发展的根本？企业的软实力、企业使命才是企业发展的根本。”进一步说，一个企业只有有了正确的、符合规律的企业使命，才能获得企业利润，才能负担起企业的社会责任，才能真正创造出百年基业。对于任何一个企业来说，企业使命都是其肩负的最神圣的责任，是其存在的最根本目的。

彼得·德鲁克曾对管理下过一个经典的定义：“管理就是界定企业的使命，并激励和组织人力资源去实现这个使命。界定使命是企业家的任务，而激励与组织人力资源是领导力的范畴，二者的结合就是管理。”一个企业只有树立明确的使命，才能真正满足内部成员自我实现的需求，才能持续地激发出员工的创造力。

日本著名实业家稻盛和夫把“为全体员工谋幸福，为社会进步贡献力量”作为京瓷公司的价值观，并使之成为全体员工共同的使命。在这个使命的督促下，直到现在，京瓷公司的员工即使上班到午夜，也没有人会视为加班，而京瓷公司也因此以“工作狂”著称全日本。

可见使命感对企业的重要意义——一个企业如果确立了明确的使命，不仅会让成员具有高度的责任感，而且还会给企业注入源源不断的活力和动力。那么，企业的管理者如何才能正确定位企业的使命呢？

德鲁克的企业使命理论为管理者确定正确的使命提供了一个有效的方法。德鲁克从以下几个方面对企业使命进行了定义：企业的事业是什么；哪些人是企业的客户、这些客户在哪里、这些客户希望获得什么样的价值；企业的事业将会发展成怎样的面貌；企业该如何掌握竞争、趋势等各方面的变化；企业拿什么满足客户尚未满足的需求；商业环境的哪些变化会对企业的发展造成严重冲击。如果管理者清楚地回答出了这些问题，企业的使命就会渐渐清晰起来。

在日常管理中，很多平庸的管理者总是感叹卓越管理者在团队管理和建设上的举重若轻，发掘企业的使命，加强对企业使命的管理就是使管理变得举重若轻、变得卓越的有效方法之一。

（2）愿景

即为了实现这个使命我们应该创建一个什么样的企业，关于企业我们心中最美好的蓝图是什么。共同的愿景是凝聚人心的正能量。很多企业发展到一定的阶段就会出现盲目现象，企业上上下下都不知道接下来企业要干什么，整个企业就像没了方向的船只，漫无目的。这就是没有愿景所导致的。

什么是愿景？简单来说，企业愿景是一种描述使命、目的和未来理想状态的浓缩的“企业蓝图”，是对企业未来发展方向的一种希望和预测。一个企业如果有了愿景，员工便有了长远目标，便不会迷茫，尤其是当企业上上下下认同了企业的愿景后，他们更会为企业贡献自己的智慧，所以说，愿景是凝聚人心灵的正能量。

著名管理学家及畅销书作家吉姆·柯林斯在其著作《基业常青》一书中写道：“那些真正能够留名千古的宏伟基业都有一个共同点：有令人振奋并可以帮助员工做重要决定的‘愿景’。”在西方的管理中，很多杰出的企业家都非常重视利用愿景来感召员工，不断激发员工的个人潜能。

乔布斯在说服百事公司的首席执行官加入苹果公司时，只对他轻松地说了一句话，就彻底打动了对方的心——“你是愿意一辈子卖糖水，还是加入苹果公司来改变整个世界？”尽管百事公司也是世界上数一数二的大公司，但苹果公司“改变整个世界”这个伟大的愿景更能感召人，更能吸引员工为之全力奋斗。

无数成功的企业也证明，一个企业拥有了愿景，更能让团队的成员对未来充满信心，更能让他们心甘情愿地为企业奋斗。因此，管理者要学会愿景管理，通过给员工描述愿景，给员工一个愿意为企业“献身”奋斗的理由。创新工场董事长兼首席执行官李开复说：“制定并与员工分享美好的愿景，可以充分激发员工的参与感和积极性，可以让整个团队保持激昂的斗志和坚定的方向，学会运用愿景来激励员工是领导艺术的重要组成部分。”

领导力领域第一权威著作《领导力》的作者詹姆斯·库泽斯和巴里·波斯纳说：“没有追随者的人不是领导者，而人们不会追随，除非人们接受愿景并把它据为己有。领导者不能命令人们投入，只能激励。”领导者的一个重要责任，就是激发所有员工共享愿景，并取得他们对愿景的赞同。

总之，企业使命和愿景体现的是我们的经营智慧。那些基业常青的企业都有自己的使命和愿景。如果我们不能清晰地建立起符合企业发展需要的使命和愿景，自然就不可能有效地面对错综复杂的内外部环境，不可能让我们的企业健康向前。

2. 要做就做到最好

卓越不是一个标准，而是一种境界。卓越不是优秀，而是优秀中的最优。卓越是将自身的能力、优势，以及所能使用的资源发挥到极致的一种状态。任何一个公司都想成为卓越的公司，但为什么能达到卓越境界的公司寥寥无几？吉姆·柯林斯在其著作《从优秀到卓越》中回答了这个问题。

“优秀是卓越的大敌。这就是很少有优秀者实现卓越的主要原因。我们没有卓越的学校，主要是因为我们有了优秀的学校。我们没有卓越的政府，大抵是因为我们有了优秀的政府。很少有人能过上幸福美满的生活，基本原因是过上好生活很容易。绝大多数公司始终未能成为卓越的公司，全是因为它们绝大多数都是优秀的公司——而这正是他们的主要问题。”很明显，绝大多数公司之所以不能实现卓越，是因为他们一开始就将自己定位在了“优秀”层次，将自己定位在了“已经够好”的层次。

柯林斯还发现：一个公司从优秀到卓越，跟其从事的行业是否在潮流之中没有关系。事实上，即使是一个从事传统行业的企业，即使它最初默默无闻，它也可能成为卓越的企业。关键是公司的领导者或者创始人从一开始就要塑造公司的卓越气质。

苹果公司为什么能成为无数公司模仿的对象，乔布斯为什么能成为“卓越”的代名词？这是因为苹果公司从一开始就将“不做则已，要做就做最好”确定为其行为准则。乔布斯有一句名言：这辈子没法做太多事情，所以做的每一件事情都要做到精彩绝伦。在苹果，几乎每个大项目都有可能被乔布斯要求推倒重来，理由很简单——这不仅仅是工程学和科学，也是一件艺术。也许很多人会说，乔布斯追求的是一种“残忍的完美”，但在乔布斯看来，一件事情或者是一个产品要么做到完美，要么就直接不做。他的目标就是让自己成为卓越的代名词，让苹果成为完美的代名词。

苹果公司前首席执行官斯库利在一次采访时说道：“苹果就像一间艺

术家的工作室，而乔布斯则是一名熟练的工匠。”曾经一名工程师向乔布斯展示刚刚写好的软件代码，而乔布斯在检阅了之后给出的结果是——还不够好。乔布斯总是鼓励他人做到他们能达到的最好水平，因此苹果的员工总是能完成一些他们原本认为无法完成的工作。乔布斯对所有的产品都要求尽善尽美，即使别人看不出什么问题，乔布斯总会提出更好的方案。

乔布斯说过：“如果你是个正在打造精品衣柜的木匠，你不会在背面使用胶合板，即使它隐藏在墙壁，没有人会看见，而你追求的是完美，所以你依然会在背面使用一块漂亮的木料。为了能在心里觉得舒畅，美观和质量必须贯穿始终。”正因为他具有如此高的标准，人们才会发出这样的感叹：“苹果是怎么做到的？苹果是如何生产出如此神奇的产品的?”乔布斯拒绝一切有瑕疵的产品，即便是客户看不见的产品细节，苹果公司的员工均会以最严格的要求和最高的标准去制作。因为所有的员工都知道根本不能用“过得去”的方案去敷衍乔布斯。乔布斯不是技术人才，却是一个“技术标杆”。苹果公司在乔布斯的严格带领下，让“苹果”二字成为完美的代名词。

而乔布斯在心目中的偶像是索尼的创始人盛田昭夫先生，因为他是一位同样要求高标准的领导者。乔布斯在拜访索尼公司时被那里高标准的企业文化吸引了。在索尼的工厂里，工人穿着颜色不同的制服——绿色、蓝色、黄色……什么颜色取决于他们的职能。这里的一切都有着非常高的标准，无可挑剔，所以索尼能生产出革命性的产品——随身听。当乔布斯看见第一代索尼随身听时，他被深深地震撼了。他从没见过这样的产品，因为当时没有哪款产品能与之比拟。乔布斯被这台随身听深深触动了，他做的第一件事就是拆开他的那台机子，观察每一个零件，研究它是如何安装、制作的，发现它竟然如此完美。所以乔布斯说，他不想做 IBM（国际商业机器公司），也不想做微软，他想成为索尼。

乔布斯着迷于索尼完美精致的产品，这些细节都在他心中留下了深刻的印象。高标准成为苹果在推出新产品时秉承的核心原则之一。乔布斯将他对完美产品的不懈追求，落实为苹果产品“有限的极致”，执着于创造出伟大的、令人惊喜的产品。有限的极致，胜过全面的平庸！这就是乔布斯对卓越的诠释。“要做就做最好。有人不习惯追求卓越的环境。我的工作不是待人友善，而是让他们变得更优秀。”

在乔布斯偏执于完美的思想带领下，苹果推出了一代又一代的经典产品，让“苹果必定是伟大的产品”的理念，在绝大部分用户心中深深地扎了根。苹果也由此成为最热的话题和人们追捧的产品。苹果陆续推出的新产品，不断将现有的音乐、手机、音像视听等巨头企业逼入绝境。正是由于苹果产品的伟大，以及一直以来极佳的品牌形象，让苹果成为了科技界的至尊。现在苹果的产品遍布生活中的每一个角落。无论你走到哪儿，被咬掉一口的苹果标志随处可见。

曾经有一个著名的企业家到国外一家工厂去考察，他发现这个厂里的机器和自己厂里的机器是完全一样的，而且这个厂的工作环境远没有自己工厂的好，让他感到困惑的是这个厂的效益却要远远好于自己的企业？这个企业家通过询问这里的员工才明白，原来这里的员工每做一件事都追求做到最好，乃至做到最完美，在他们的眼里工作没有类似“不错”“凑合”之说，只有“做到最好”和“做得不好”之分。

为什么我们追求卓越却达不到卓越的境界，是因为我们习惯了“已经做得够好了”“已经做得够优秀了”——这样的心理恰恰阻碍了我们追求卓越。成功学家奥立森·马登认为，一个人要实现卓越，唯一的方法就是在做事的时候，抱着达到极致的标准去要求自己。所以不要再说“已经做得够好了”，凡事没有更好，只有最好。当我们偏执于“最好”时，我们也就能从“优秀”走向“卓越”。

乔布斯用努力让自己成了卓越的代名词。就像他说的一样，他并不认为自己有多么杰出，他只是将自己的天赋、才能最大限度地发挥了出来。为此他付出了一生的努力，所以苹果也就成了完美的代名词，成了我们追求卓越的范例。当我们努力要让自己变得卓越时，周围的人也都会被我们朝气蓬勃、积极向上的精神所感染，我们的事业就会开辟出一片新的天地。

第三节　心动力——动起人心的哲学

1. 至道本一心，心法本无住

佛家有云：“至道本一心，心法本无住”。意思是说，我心是一切，一切是我心。心空即世界空，万事万物由心而生，由心而止。我们每一个个体都是在心的支配下，才产生了作用。可见，“心”的力量主宰了我们的一切。

每一个管理者都想让自己的公司成为优秀的公司，可如何才能成为优秀的公司？有管理宗师说过，优秀的公司只有一个文化，一个强势文化，即最高主管文化。集中就是力量，能让大家心往一处想，劲往一处使，这样的公司往往都是一流公司。抛开种族、观念的偏见，我们很快发现，这世界上的一流人、一流公司有很多，而且千奇百怪。但他们都有相同的地方，一致表现为：力量强大、粉丝多、面子足、影响广。原因很多，但有一点是肯定的，一流公司只有一种文化，它的力量强大，因为他们有“道”。

这里的“道”究竟是什么？“道”就是人心。说到底，“道”不仅要有力量、凝聚，还要落到实处。那到底凝聚什么、凝聚谁？答案很清晰——只有凝聚人心，才是真正的“道”。

对于中国人而言，心是最可靠的。中国式管理精髓讲的就是关心。什么是关心？就是把别人的心关起来。“身在曹营心在汉”就是一个例子。人在哪里并不重要，关键是心在哪里。因此，要打造一支团结的队伍，重点是让下属把领导装进心里面。

团队要重视心与心的结合。笔者常常问一些企业领导：“你作为领导，应该重视下属的哪方面素质？重视他们的能力吗？重视他们的品德吗？还是重视他们的家庭背景、健康状况？”答案是，这些都不是优先考虑的。那领导最应该关心的是什么？我在下属心中的位置。

很简单，领导 A 说的话你会很容易接受，而同样的话如果是领导 B 对你说的，你就听不进去，这是因为你发现领导 A 心中有你，而领导 B 心中没你。这虽然过于主观判断，也是不科学的，但是事实就是这样。领导也可以反思一下，自己是否也有同样的状况？领导 A 心中有你，你就自然认为他的所作所为都是为你着想的；相反，领导 B 心中没你，他提出意见，你自然斟酌他的动机，也就不容易听从他的意见。

所以心才是最重要的，中国有句老话，“百善孝为先，论心不论行”，说的就是心的重要性。我们在观看爱情剧的时候，经常看到这样的情节：每当男、女主角吵架，女主角一般都会说“我现在才知道，原来你的心中根本没有我”。由此可见，无论是在生活中还是在工作中，人们都重视“心”的存在。

“以心为本”是稻盛和夫经营哲学中的核心理念。他说：“我到现在所搞的经营，是‘以心为本’的经营。换句话说，我的经营就是围绕着怎样在企业内建立一种牢固的、相互信任的人与人之间的关系这么一个中心点进行的。”

京瓷公司是从一个既没有业绩也没有信誉和资金的街道小工厂起步的。当时，它所仅有的只是一点点技术和相互信任的 28 名员工。白手起家的稻盛和夫认识到，虽然人心很容易变、很不可靠，但是一旦建立起牢固的信任关系，那么没有比人心更加可靠的东西。因此，他决定“以心为本”来经营公司。为了公司的发展，每个人都竭尽全力。经营者不负众望，努力工作；员工们相互信任，不图私利。在创业的过程中虽然遇到了艰难险阻，但就是依靠着这些坚实而又紧密相连的心，依靠着这一简单、执着的经营理念，最终渡过了各个难关，成就了今天的京瓷。

“以心为本”的经营哲学归根结底是在企业中形成强大的凝聚力。公司成员不再是受支配的雇员，而是具有主人翁意识的共同创造者。人在一起只能算是一个群体，心在一起才是团队。在企业里营造“亲情文化”，要倾注人与人之间的情感，消除隔阂与内耗，最大限度地提高团队的积极性、忠诚度、责任感及团队协作力。

每位领导要切记“得民心者得天下”。领导都追求成功，可真正成功的定义是什么？真正的成功就是赢得别人的心和别人的钱。有100个人愿意把心交给你，你就可以领导100个人的团队共同奋斗；有100个人肯把他们的钱交给你去用，你就拥有100个人的资金。中国人很难把心交给你，中国人很怕把钱借给你用，这是事实。如果你仅靠自己的心力，那你很快会心力交瘁；如果仅靠自己的本钱，那你的生意规模发展也是有限的。如果有一群人，愿意把心交给你，愿意把钱交给你去用，你就很容易成功。从这个意义上来说，刘备在桃园三结义时，就奠定了成功的基础。因为他获得了关羽、张飞的心和钱。古人云“得民心者得天下，得人心者昌”，都是至理名言。作为领导者，你能包容多少人，你就可以带出多少人的团队，而且彼此如一家人一样，配合默契，这也是成功的开始。

2. 我心是一切，一切是我心

资深管理专家，管理思维研究专家，深圳现代禅悟学研修中心禅悟导师，现代禅悟学、思维力源头修炼、融通之道、诊断式管理理论体系创始人刘硕斌老师在其智慧学著作《企业医道——企业大智慧》一书中说：“社会之所以存在均是围绕人之欲求缘故，所谓社会的发展、文明的发展，实际俱是源自人类对欲求的生发膨胀过程。如果我们能揭示欲求的源头，也许我们就更能清晰地掌握市场的趋势、社会文明的趋势，趋利而避害。”所以，我们最后不得不追溯源头的问题——人所有的欲求究竟从何而来？

人之心，与其说满足市场是为满足客户之欲求，还不如说是为满足客户之心；与其说管理企业是管理员工之欲求，还不如说是为管理员工之心。企业之外是客户之心，企业之内是员工之心及股东、老板之心，所以，与其说管理企业是管人，还不如说是在管心。

纵观我国古今的管理思想，历来重视人的心理，如《管子·心术》中有“心安是国安”“心治是国治也”；《诗经》中有“他人有心，余忖度之”；儒家倡导的“忠、孝、仁、义、信、人学”；兵家的“兵者，诡道也”“攻心为上，攻城次之”的理论，都强调从心理上征服制胜的秘诀。

而今，“人本主义”管理已成为现代管理学的基本原理之一，成为现代社会各行各业管理的指导思想。在管理过程中，管理者要注重员工的心理，从员工的心理出发进行管理，往往能最大限度地调动员工的积极性，发挥员工的聪明才智。

笔者有位朋友在小学当校长多年，每次到他的学校去，给人的感觉总是环境整洁、清新、优雅，师生朝气蓬勃、昂扬向上，让人感到学校特别的给力。学校的规章制度，和其他学校一样，没有什么特别之处；学校的领导，从校长到主任不但和教师一样任课，有的还兼职班主任。也就是说，并无“专人”负责“专门”管理，可是该校教学秩序井然，教师个个兢兢业业、尽心竭力地做好工作，学校的教学质量排名在我们当地是绝对是名列前茅。

那这所学校管理的秘诀在哪里？一次和这位朋友闲聊时，笔者问到这个问题。他笑了一下，说：“没什么秘诀。我觉得只要你关心到每位老师，老师们都很自觉，根本就不需要谁来管理。闲来无事时，我只要看到哪位老师心情不好，就和他聊聊天，要么和他们打打羽毛球。”

笔者这位朋友的管理秘诀就是“管心”。难怪学校的教师都是那么的敬业，教学质量那么高。因为，他把教师都拴在了他的心上。

人不是机器，不是你只要给他指令他就会转动的。人是有感情的，他工作的好与坏，并不完全取决于他的能力，而是取决于他的态度。态度决定一切，而他的态度，又取决于他的个人情感。我们的工作是为谁做的？从大处说是为了国家、为了人民，但在现实中，国家、人民都是看不见、摸不着的。而具体到现实中，在我们学校，校长就是“国家、人民”的“代表”，因此，老师的工作就是为校长做的。如果校长认为只有自己在为“国家、人民”工作，别人都在混事，当一个铁面包公，凡事都要用所谓的国家政策说事，用各种规章制度约束人，最终学校的管理就会僵化，管得学校没有了人气，教师没有了积极性。

所以，校长在管理工作中要以人为本，实行人文管理，关心教师的工作，关心教师的生活，从而帮助教师解决生活和工作中的各种困难，让每一位教师免除生活上的后顾之忧。教师们感受到校长的关怀和温暖，才会心往一处想，劲往一出使，使得教学工作更加出色。

管理可分为三个层次：

第一个层次是管人。用各种方法把人圈定在固定的时间、地点工作，不准迟到、不准早退，不准中途离开。活动范围也给予限定，没有许可，不能随意出围。更有甚者使用先进的科学设备，如打卡机、指纹机、监控仪等来保证人员的绝对到位。这种画地为牢的管理，的确是管住了人，但并不代表能管出效益。

第二个层次是管事。就是责任要明确，分工负责，包“产”到户。这种管理，详细地明确了人们的责任，使人们有事可做，管理起来轻松多了，工作效益也会明显提高。但是这种管理容易使人安于现状，把完成工作作为己任，工作之外，事不关己，高高挂起。

第三个层次是管心。实际上，一个好的管理者，不是看他的下属上班了没有，工作了没有，而是关心他的下属的心被凝聚了没有。如果一个人的心和单位凝聚在了一起，那么他就成了单位的人。他就会时刻为单位着想，没有了上班、下班的概念，没有了分内、分外的区分，单位所有的事都成为他该做的事。真正的管理，不是管住人，而是管住心。只要聚住了人心，不用管理者“管理”，照样出效益。

管理首先要选对人，接下来就是做对事，但是说起来简单，做起来并不简单。原因在于人的复杂性——不同的人，思想不同。只有统一思想，上下同心，才能把人管好，把企业做大做强。

第二章

团队成长需要八颗心

心动力 企业团队制胜的人心密码

第一节　爱心——心心相连，永结同心

1. 团队的凝聚力从何而来

众所周知，人是生产的第一要素。因此，作为企业的管理者，必须要做到以人为本，把关爱员工放在工作首位。企业的兴衰，人是关键，而人都是有感情的，当管理者对员工施以关爱后，会使员工感到自己受到尊敬，感到温暖，他们会因此产生无穷的积极向上的动力，推动企业快速发展；反之，企业就会不断衰落。

有一家调查机构曾向职工提出一个问题：你最喜欢什么样的上级？大多数被调查者都提到一点，那就是喜欢有爱心的上级。充满爱心的领导者直接影响着企业的经营运作。在爱心的包容下，企业管理层和被管理层的关系融洽和协调，员工工作效率提高，企业充满生机和活力。

看看那些充满生机和活力的成功企业，我们不难发现，他们无一不把关爱员工放在首位。看看张瑞敏、稻盛和夫、土光敏夫等卓越领袖，他们杰出的的管理可以精简为一个字——爱。完全可以说，爱是一种生产力——只有懂得如何关爱员工的管理者，才能打造最好的团队，成就最好的企业。

日本经营之圣稻盛和夫曾说："我热爱所有的干部员工，我希望能够带给所有人幸福。"搞技术出身的稻盛和夫在40年间创建了两家世界500强企业。他认为成功企业最重要的三个要素分别是人才、金钱和技术，在这三者之中，人才又是最重要的。因此，在他的管理中，他始终把善待京瓷员工、爱护京瓷员工放在第一位。

在创业初期，公司惨淡经营，几次徘徊在破产边缘，稻盛和夫数次卖血给工人发工资，此后，还以出让多得惊人的股份为筹码挽留工人。凭着惊人的毅力和乐观精神，稻盛和夫让京瓷从一家"乡村公司"成为一家世界级大企业。

在京瓷公司遭遇石油危机时，他坚持不解雇员工，想其他的办法在留住员工的同时，减少企业支出。他决定公司领导层全部降薪，京瓷工会接受了稻盛和夫先生降薪的申请，将省出的钱用于公司运转。当时很多公司因为加薪问题出现了劳动争议，但京瓷没有，每个人依旧努力工作，为公司能尽快恢复良性发展而夜以继日奋斗。后来经济复苏，企业业绩回暖，稻盛和夫先生定期将奖金大幅提高，而且再支付临时奖金，以报答当时员工及工会对他的信任。

正是基于对员工的关爱，才让京瓷成为基业常青的500强企业。稻盛和夫说："员工不是赚取利润的机器，而是有血有肉有情感的人，对员工的管理不能用冰冷的原则，更重要的是用心去尊重、爱护和关心他们。心灵经营是一种独特而有奇效的管理方式，它能让你有意想不到的收获。"

艾美特公司是另一家以"关爱员工"出名的公司，在艾美特公司管理者的心中，员工的权益保护始终被放在至关重要的位置。在艾美特公司的员工中流传着一句话："公司是婆家，工会是娘家。"只要员工的工作、生活上有困难，都会在第一时间找工会反映，工会则会及时给予员工满意的答复。正因为如此，艾美特公司才充满了活力。

"蜜蜂从清晨起在花间勤恳劳作，日落后收获甜蜜幸福的生活；员工忙碌辛苦为企业创造效益，企业发展壮大后自然要回报功臣。爱是企业和员工共同的事业。"这是艾美特管理者多年经营的心得。的确，当企业把爱员工看成是事业，"视员工如爱子"时，便能增强员工的归属感，企业便有了巨大的凝聚力和向心力，便能生生不息。

那么，管理者如何关爱员工，经营人心呢？

海尔集团首席执行官张瑞敏说过这样的一句话："要让员工心里有企业，企业就必须时时惦记着员工；要让员工爱企业，企业首先要爱员工。"具体来说，可以从以下几个方面着手：

①促进员工快乐工作——缩短管理链条，简化工作流程，降低工作压力和复杂度，减少低效、无效劳动，提高整体工作效率。

②提升员工生活品质——解决员工的实际困难，丰富员工的精神生活，切实为员工办实事。

③关爱员工心理健康——建立畅通渠道，保证让员工的心灵诉求得到及时回应与合理解决。搭建员工心理援助平台，帮助员工缓解各种职业心理健康问题。

此外，管理者要做到"视卒如婴"，必须不摆架子，要把自己当作群体中的一员，要知道离开了团队，自己纵有三头六臂也是空有能力。

总之，管理者要做到爱员工，就要在平时的工作和生活中尽可能地多给员工以关爱，尤其是在员工出现困难时要伸出援助之手。人都是有感情的，哪怕是你的一点点关心，都会让员工感受到无穷的温暖，这会给员工被重视、被鼓舞的感觉，无疑会增强他们与你之间的凝聚力，使他们愿意为这个集体全力以赴。最后，需要企业管理者记住的是：爱是一种生产力。每一个管理者都要明白：爱不仅是人生的真实意义，更是管理学的真实意义。

2. 爱的恒等式：爱 = 责任 = 回应 + 肯定能力

对领导而言，什么是对员工真正的爱？对员工的爱就是对员工负责。如何负责？主要表现在两个方面：对员工的要求有回应；对员工的能力给予肯定。

如何对员工的要求做好回应？员工的要求一般包括两个方面：物质要求和情感要求。企业满足了员工的物质和情感需求，可以大大凝聚人心。

一个员工去一个企业工作，首先就是为了解决生存问题。如果一个管理者只懂得用愿景和使命来感染员工，让员工看到未来的蓝图，却一连好几年不给员工发工资，那谁也没有办法接受。所以，管理者要牢记曾国藩的“合众人之私，以成一己之公”，通过满足员工的个人需要来集合群众“私心”，以大大激发员工的工作激情。

马斯洛的需求理论告诉我们，一个人的需求是从低级到高级不断进化的，所以，管理者要做好对员工需求的回应，就要做到满足员工的生存需求，给其发放薪酬；满足员工的发展需求，对员工进行适时晋升。只有这样才能留住员工。

不过从目前来看，员工的需求越来越多样化，越来越情感化。所以，管理者除了要满足员工的生存、发展需求外，还要给予员工情感关照，顺应员工情感的变化，通过尊重、赏识等激发人心。这种情感关照，很多时候并不需要花费金钱，但只要足够真诚，这种情感满足所产生的作用是巨大的。马斯洛认为，尊重是人类较高层次的需要。既然是较高层次的需要，自然不容易满足；而一旦满足了，它所产生的重大作用也是不可估量的。

《哈佛商业评论》2010 年唯一中国最佳商业案例研究奖获得者、著名学者黄铁鹰先生这样描述："养而不爱如养猪，爱而不敬如养狗。而人呢，只给吃的和爱是不够的，还需要尊敬。"什么是对人的尊敬？对人的尊敬，其核心是对人内心的关照，让他们收获幸福感。只有让员工获得了幸福感，员工才能和管理者结为一心，团队才能获得恒久发展的动力。

可惜的是，今天在不少企业可以看到这样的现象：管理者高高在上，指挥着一切；而工人则被物化成生产线上的一部机器或者一颗螺丝钉，他们在同一条生产线上重复着千万次单调、乏味的动作，管理者却全然不顾工人们厌倦、麻木、压抑的感觉。因为管理者对员工的内心需求没给予积极回应，结果，企业内怨声载道，员工效率低下，企业的发展更是毫无生气和后劲可言。可见，回应是多么重要。如果管理者在工作中多些主动回应，团队的工作会更有成效，团队成员的工作热情会更高，同事之间的关系也会更加亲密。

日本管理学大师大前研一曾说过："日本企业的成功，远不只是公司与员工的终身雇佣制度，而是在组织上重新发现了'人'。归根结底，公司并不是豪华建筑、财政利润、战略分析和 5 年规划，而应该调动人的因素。"如何调动人的因素？就是要回应员工的要求，尤其是要关照人的内心需求。日本很多成功的企业都认为回应员工的需求，把满足员工的需求放在第一位，是对员工的一种情感投资，这种情感投资可转化成生产力。

积极回应的另一个表现是对员工能力的肯定。《经济观察报》记者在采访张瑞敏时问道：“以我的观察，海尔多年来最大的成功是一直把管理的思路体现在每一个普通员工的身上，我们能不能知道您每天抓的大事大到什么程度，小事小到什么细节？”张瑞敏回答说：“大到创世界名牌，小到每一个人每一件事怎么干。《中庸》说：‘致广大而尽精微。’我们在管理中，始终是以人为主体，因为制度管理说到底就是管理人。中国人也好，美国人也好，社会主义制度也好，资本主义制度也好，只要是企业，就一条路，只要是人，都希望自己的价值得到承认。”在企业内，领导者肯定员工的能力，这就意味着承认了员工的价值。承认了员工的价值就等于给了员工积极的回应。积极的、快速的回应正是一种爱的体现。

第二节　信心——积极的态度让胜利充满阳光

1. 心中有信念，眼中有光明

“中国领导力教母”谭小芳说：“大领导者度心有术。有领导力的人不辩论。在此，领导力表现为对消极行为的深度破解能力。”对消极行为的深度破解能力，就是对消极行为的积极抵消。换句话说，当企业内出现消极的行为时，伟大的领导者能用积极的心态和积极的行动来化解。

谭小芳说："事物永远是阴阳同存，积极的心态看到的永远是事物好的一面，而消极的心态只看到不好的一面。积极的心态能把坏的事情变好，消极的心态能把好的事情变坏。当今时代是悟性的赛跑！积极的心态像太阳，照到哪里哪里亮；消极的心态像月亮，初一十五不一样。不是没有阳光，是因为你总低着头；不是没有绿洲，是因为你心中一片沙漠。"

积极的心态和积极的行动来源于哪里？来源于坚定的信念。一句话反复重复就会成为一个真理，一个积极的意念反复强化就能成为一种坚定的信念。当一个人有了坚定的信念，他就会勇往直前。积极的信念具有十分强大的作用，它会把实现这个奇迹的条件在无形中吸引到我们周围，激励我们创造出奇迹。

对于一个企业而言，拥有坚定的信念是团队战斗力的体现。一个信念坚定的团队，无论在任何环境，遇到任何困难，都是无往而不胜的。因此，作为管理者，很重要的一个责任就是让自己的团队随时保持坚定的信念。

马云曾经说过："人可以十天不喝水，七八天不吃饭，两分钟不呼吸，但不能失去信念一分钟。没有信念比贫穷更可怕，因为这意味着没有未来期许。一个人最可怕的是不知道自己在干什么，有梦想就不在乎别人骂，知道自己要什么，才会坚持到最后。"

回顾马云的团队，我们会发现他们能够一步步走到今天，信念的确是他最重要的支撑点之一。每一个领导者都有一个伟大的梦想，梦想很重要，但对于领导者来说，光有梦想还不够，重要的是领导者必须要具备与员工沟通这个梦想、激励员工为这个梦想而兴奋并心甘情愿地加入到实现这个梦想的行动中来的能力。

换句话说，作为领导，你应该具有把你自己的梦想变成大家的梦想的能力，更进一步说，你应该具备用你自己的梦想去感染下属的能力。如何用你自己的梦想去感染下属？很重要的一点就是管理者自己要有坚定的信念，并能将这种坚定的信念传达给自己的团队，随时随地唤起追随者的信心和热情，让他们彻底成为自己的追随者。马云就深谙此道。

多年来，马云一直与他的团队携手并进。他总是以他坚定的信念来鼓励员工："我从来没有改变，我希望你们也没有改变。未来，我们会发展得更快，我相信中国的互联网将发生巨大的变化，这个变化是在阿里军团的带领下产生的。"

实现目标的过程，就是克服挫折与困难的过程，多年来，每当挫折来袭，马云总能用他坚定的信念，使团队看到光明。在马云的鼓励下，阿里巴巴的成员一次又一次地满怀信心，继续赶路。这么多年，为了激励自己的团队，在困难面前，马云更乐于和员工们一起讲述的是阿里巴巴活得不错。他说："一个人抗打击能力强了，真正的信心也就有了。我最欣赏丘吉尔先生对遭受重创的英国公众讲的话：Never never never give up!（永不放弃!）每次打击只要你扛过来，你就会变得更加坚强。"这就是马云和他的团队的坚持、坚持、再坚持。因为有了坚定的信念，所以在他们遭遇到任何挫折与困难时，马云总能带领自己的团队坚持住、挺住、死扛住。

每个管理者都有自己的梦想，如何让梦想变成现实？很重要的一点是要有坚定的信念。没有信念，你就没有能量；没有能量，你就一无所有。一切都始于信念，当你用坚定的信念去描绘一个更加伟大的世界——一个你的员工能够和你一起创造的伟大世界时，他们的热情一定会被你点燃，并渴望和你一起奋战。合格的管理者要做的就是要用坚定的信念去激励团队，尤其是当企业出现下面两种情况，领导者更应该站出来用坚定的信念鼓舞士气，以激活团队的正能量。

①当团队面临重大挫折时：任何一个团队的发展都难免遇到挫折，当团队面对重大挫折时，优秀领导者应该及时站出来，用坚定的信念安抚大家，让大家从危机中看到转机，看到生机，给予员工们冲破暴风雨的巨大信心。

②当企业面对强大的对手时：企业要快速发展，竞争不可避免，当自己面对强大的对手时，坚定的信念可以振奋人们的信心，利于人们迎战。

总之，在商场中，不管是领导者还是员工，只有拥有坚定的信念，才能走出绝望的荒漠。坚定的信念是一个团队精神上的面包，就如同古代打仗时我方拿的军旗一样，旗在人在，旗断人散。只有拥有坚定的信念，我们才能在激烈的竞争中永远立于不败之地。

2. 两强对垒谁获胜，步步为“赢”成功在

团队存在的价值是什么？团队存在的价值就在于不断迎接新的挑战，并不断获取胜利。这就像经历着一场又一场体育比赛，应该以结果为导向，在记分牌上赫然显示出你现在的总得分。如果不以结果为导向，没有赢球，没有胜出，那么，你只属于在运动，是在单纯地消耗体能。如何确保胜出？要赢球，要胜出，很重要的一点就是团队要保持高度的信心，要永远保持积极的态度和阳光的心态。

信心是很奇妙的东西，它能为你打开更多机会与成功之门；反之，没有信心时，反倒关上了上帝为自己开启的门。小到个体的人，大到一个组织、一个民族、一个国家，信心是灵魂，是脊梁。一个充满信心的

人，总能以阳光的心态对待生活、工作。

谭小芳说：“阳光是世界上最光明、最美好的东西，它能驱赶黑暗和潮湿，温暖我们的身心，而心态对我们的思维、言行都有导向和支配作用。人与人之间细微的心态差异，就会产生成功和失败的巨大差异！阳光的人视失败为垫脚石，消极的人视失败为绊脚石。阳光的人在忧患中能看到机会，消极的人在机会中看到忧患。阳光的人用心态决定成败，消极的人用成败决定心态。阳光的人用心态驾驭命运，消极的人被命运驾驭心态。狄更斯曾说：‘一个人的阳光心态，比一百种智慧更有力量。’”

对员工来说，有了自信，才能够感觉到自己的能力，发挥出全部的力量。对于管理者而言，拥有足够的信心更显重要。俗话说得好，“不怕群众意见大，就怕管理形象差”。在一个团队中，管理者的影响力非常重要，直接决定了整个团队的成败。

第二次世界大战时德军名将隆美尔调到北非，德意联军组成的非洲军团闻讯士气立刻大增，虽然兵力没有增加，但仍然在很短的时间内就收拾了败退局面，开始积极反攻。可见，如果下属对管理者有信心，便愿意相信、跟随、服从、依靠管理者，就会大大增强他们对组织的向心力，提高团队的士气和战斗力。所以，给员工信心是管理者首要的工作，更是管理者的责任。

管理就是激发信心，管理就是在互动中增加信心，管理就是想办法打开信心的大门。日本著名企业家松下幸之助曾说过：“宁可损失金钱，也不能使员工丧失信心。”信心是做好一切工作的精神基础，更是形成团队凝聚力的核心力量。管理者只有建立员工的信心，团队才有发展的基本动力。一个没有自信心的团队，是不会产生强大的战斗力的。

谭小芳老师说："伟大的领导者不仅能够在动态中平和处理组织成员的复杂心态给工作带来的困扰，更让人敬佩的是：大领导者的行为特征总是能够自然而成功地塑造着积极的组织心态！"

那么，管理者该如何提升组织的信心呢？被业界誉为"中国营销管理领域创新、实践的先行者"的史光起先生给出了我们七条有效的途径，他称之为"提升组织信心的七要素"。

①承担责任——当一个组织发生危机时，负起责任是树立信心、稳定局势的基础。首先要从管理层开始承担起责任。管理者要对自己说的话负责，对自己做的事负责，对组织成员负责，这样会让组织中的其他成员感到安全，继而转化为信心。而且，能够承担起责任的领导者也更受到下属的信任。

②仪式——科学家做过一些试验，通过调查与测试后发现，在一些体育赛事前举行隆重的仪式会大大调动参赛者的热情与信心，因为仪式传递出了这是一次重要的比赛的信息，反之没有仪式的比赛或仪式简单的比赛，参赛者发挥得都不是很好。在企业陷入困境，员工失去信心的时候，通过一些振奋人心的仪式来提振信心与士气是非常有效的。

③信息公开——我们越是不了解时，就越是想了解，了解不到就会自己猜测而后主观放大或扭曲，如果你把一切如实相告，反倒可以得到理解与信任。所以，在企业陷入困境的时候，策略性地告诉成员事情的全部，可以提高大家的安全感与信心，隐瞒只会造成猜测等更大的恐慌。

④创新——当我们陷入危机的旋涡中，很难从心理到行动上摆脱旋涡时，最好的方式就是打破旧有失败的模式进行创新。这可以给员工一种耳目一新的感觉，摆脱失败的阴影，消弭挫折感，自然提高人的信心与士气。

⑤破釜沉舟——背水一战所能激发的信心与力量是超出我们想象的。当大家没有退路，只能往前时，往往更能产生奇迹。

⑥把自身的优势列举出来——自信是因为放大了自身的优点，而自卑则是因为放大了自身的缺点，前者会因为自信获得更多的成功，从而循环为更多的自信，而自卑的人则徘徊在自卑中，离成功越来越远。因此，企业遇到困境时应该把组织的一些优势以各种形式公布出来，这样可以有效增强整个组织的信心。

⑦提升组织相关者的信心——企业遇到困境时，往往是整个大的环境或相关者都陷入了困境，这时不仅要自身提高信心以求突围，更要给相关者也就是与自己相关的客户与顾客以信心，只有信心在整个产业链条上循环，在利益相关者中间循环，才能从根本上解决问题。

第三节　孝心——谁是最可信赖的人

1. 孝心是美德的基石

“孝”是中华民族的传统美德，是人文品质和道德基石。什么是孝？《尔雅·释训》对“孝”的解释是“善事父母为孝”；《说文》对“孝”的解释是“善事父母者，从老省、从子，子承老也”。孙中山先生在其《三民主义·民主主义》中指出：“《孝经》所言的孝字，几乎无所不包，无所不至，目前世界上最文明的国家，讲到孝字，还没有像中国讲得这么完全”。

“孝”是社会伦理的核心，是爱的源泉，是承担责任的起点，是家族和谐生长的根本。一位著名的企业家说：“所谓百善孝为先，孝心一开，百善皆开，百福皆开，百慧皆开。孝行生智慧，小孝治家，子孝家兴。孝道生德行，大孝怡国，民孝国兴。孝道是一种责任，更是一种智慧!”任何一个有名的英雄都是孝子，英雄行为的产生大都是因为爱家、爱国的思想和情结在发生着作用，而“孝”是其根本因素。

时代在不断变迁，但不管是“老二十四孝”还是“新二十四孝”，“孝”作为一种朴素的情感，始终都在影响着中国人的思想，成为支配人们行动的准则和评判一个人德行的基本标准。特别是随着社会的高速发展，人际关系变得越来越复杂、棘手，传统的“孝”文化又面临着由“小孝立家”到“大孝社会”的转型，这种由小到大，由爱家推而至去爱社会、爱国家的转变，更有助于协调人与人之间的关系，建立良好的社会氛围，让人与人之间多些和谐与温情。

社会需要孝道，企业也同样需要孝道。企业担负着培养有理想、有道德、有文化、有纪律的“四有新人”的重任。这里的“有道德”就包含着孝敬父母这一内容。从字体的组成来分析，“教”字是由“孝”字和“文”字组合而成的。俗话说“不孝不教”，也就是说没有孝道内容的教育不能称之为教育。著名的国学大师翟鸿燊教授说过“小孝能治家，中孝能冶企，大孝能治国平天下”，正是这个意思。

孝的具体表现形式有诚、信、礼、义、敬。诚，即真诚坦率，直言相向；信，即言出必行，信守承诺；礼，即爱己爱人，大家风范；义，即如果玉碎，青山亦留；敬，即不耻下问，敬人敬岗。这些不正是我们企业文化建设所必需的吗？

孝道教育是检验一个人道德品行高下的重要尺度，也是企业文化中的基础教育，是企业良好运转的关键。一旦企业忽视了孝道教育，必然会形成“物质富有，而精神贫乏”的畸形状态，企业风气也会受到污染。所以说，企业加强对员工的孝道教育，不断提高员工的行为修养，使他们养成孝亲敬长的良好习惯，并做到举止美、语言美、心灵美，对企业风气的净化和企业文化建设工作会起到重要的推动作用。

孝是德的基石，讲孝道者才能真正懂得责任。有一位非常著名的讲师到外地去讲孝文化，两个小时的演讲，没想到听众哭了一个半小时。演讲结束后，一位40岁的老总过来对这位讲师敬礼：“老师，听完您的课以后，我才知道我不忠不孝、不仁不义。我开按摩中心三年了，没有给我父亲做过一次按摩，没有给我母亲做过一次足疗，我太不孝了呀!”“你才悔悟啊?”这位讲师说，“我不相信，一个对自己父母都不负责任的人，怎么会对公司负责任，对客户负责任。”

孔子曰：“爱敬尽于事亲，而德孝加于百姓，刑于四海，盖天子之孝也。”意思是说，天子的孝道是用爱敬的心，尽到双亲身上的，这样的德行会很快影响到百姓。这样为整个国家树立了典型，就是天子的孝。从管理的角度，如果把现代的企业比作是古代的国家，古代的天子就是现代企业的领导者。就如同百姓效仿天子的行为一样，他们的做法将会被其他管理人员效法，被员工效法，成为企业文化。进一步说，管理者若在家里感谢双亲的养育，用爱敬之心对待双亲，在公司感激员工的努力，用爱敬之心对待自己的员工，就为管理层树立了榜样，久而久之就会家庭和睦，公司和谐。这就是管理者的职责，也就是管理者的孝。也就是《论语》所说的“慎终追远，民德归厚矣”。

孝是我们美德的基石。员工是企业组织的根本。作为优秀的员工，要爱惜自己，尽到自己的本分和职责，来辅佐自己的上司，这就是员工的孝。在家庭中，我们的角色是子女，所以要做回子女的本分，要贯彻孝道，按照孝的原则来侍奉父母。而在工作岗位上，无论我们的角色是董事长、总经理、职业经理人、主管还是最普通的员工，我们若能完全按照岗位的职责要求去做事，那么，我们便做到了工作中的孝。如果大家都在做自己岗位要求的事，都能专业地完成各项工作，而不是整天“谋别人的政”，那么企业运作一定和谐，效率一定高。做到了这一点，再来谈如何创新，不是意义更大吗？

2. 有孝心者有忠诚

谭小芳说：“孝是员工忠诚的源头：孔老夫子志在《春秋》，行在《孝经》；唐玄宗亲自注解《孝经》；曾国藩把《孝经》下发到每一位士兵的手里；李嘉诚用《孝经》的思想做企业管理……”

为什么说孝是员工忠诚的源头？因为感恩是孝文化的题中应有之意，是孝文化在当代的表现形式。中国的感恩文化源远流长，据史籍所载，《左传·僖公二十二年》中春秋时期晋国公子重耳的“退避三舍”、《诗经》中的“投桃报李”都表达了这一主题。民间有“滴水之恩，当涌泉相报”的说法，这些都体现了中国人的传统价值观——做人必须懂得知恩图报，且报答要重于恩惠。员工学会了感恩，就势必会爱岗敬业，勤勤恳恳地工作，为企业创造最大的利润。

曾仕强教授在《中道管理》里说："德本才末，是选用人才的可靠标准。先看品德修养的表现，再就合乎标准的人选，量才而用。我相信大部分人喜欢品德好、有才能的人，对那些品德不好、有才能的人，却怕得要命。德本才末，这是我们选择人才的一个标准。怎么知道谁的品德最好？中国有一句话很重要，'忠诚从孝中来'。所以中国人会看一个人和父母的关系处得好不好，处得不好，这个人就可怕了，将来他一定会把别人害掉的。所以中国人重视孝道，是有道理的。一个人不孝顺父母，就是他忘本。一个忘本的人，栽培他是没有用的。"所以，孝道理应成为企业管理的重要内容。

可喜的是，确实已经有很多企业把孝道教育纳入了企业管理中。他们突破西方管理理论，根据自己团队的实际情况，拓展管理空间，发掘亲情资源，将孝道融入企业管理之中，重视践行孝道文化，发挥孝道效应，结果，他们取得了良好的经济效益和社会效益。净雅餐饮集团就是一个典型。

净雅餐饮集团是一家从山东农村发展到全国的连锁企业。集团总裁张永舵认为：一个人只有懂感恩，守孝道，才会懂得去关心他人，关心企业，关心社会，继而用爱心回馈社会。

从2007年开始，净雅集团为年轻的单身员工建立了孝心卡，由企业将卡邮寄给他们的父母，每月从这些员工的工资中拿出一定的数额存到为父母办的另一张卡里，目的是要弘扬孝道文化，培养员工孝敬父母、回报社会的意识，让员工的父母感受到净雅的温暖与真情。

事业成败，人是关键。一家企业能否生存、发展，在很大程度取决于员工道德素质的高低，特别是管理人员的素质。孝道作为道德之元，在一个人的品德素质中占据着重要位置，因此，重视对员工的孝道、孝行考察不能不说是企业的明智之举。

让我们感到欣喜的是，现在，已经有越来越多的企业开始把孝道作为选人用人的重要条件之一。《兰州晚报》曾刊登过一家民营企业的招聘广告，其中的内容有“高薪诚聘集团公司业务经理 1 名，年龄 40 岁以下，本科以上或相当于本科学历的自学成才者，品行端正，孝敬父母……”招聘广告中“孝敬父母”的条件引发了社会的争论，我们暂且不论争论的结果如何，但这表明社会在呼唤人们弘扬孝道是不争的事实。现在很多企业在招聘员工时，不仅要求员工有过硬的技术本领，而且要求员工有孝心，有责任感。孝心和责任感将是评定员工竞争力的重要组成部分。

忠、孝是一个硬币的两面，忠、孝密不可分，家为孝，国为忠。孝是忠的前提，忠是孝的提升。试想，一个人对自己的父母都不尽孝道，有可能会团结同事、尊重上司、忠诚于企业吗？回答肯定是不会的。有些人为了一定的目标，即使在大家面前表演得不错，最终也会露出狐狸尾巴，现出本性。一个不孝之人不仅不值得共事，而且不值得交友。试想，谁会与一个连自己的父母都不尽孝、不感恩的人去交朋友呢？因为不孝之人不可能用真心对待朋友，与这样的人交朋友是非常危险的，对于不孝之人如果不能转化他就应当远离他。

《论语·学而篇》记载："其为人也孝弟（悌），而好犯上者，鲜矣。"意思是如果一个人孝顺父母、尊敬兄长，却喜欢冒犯长辈和上级，那是很少见的，那就不合乎逻辑了。更具普遍意义的说法是："孝弟也者，其为仁之本与！"意思是孝顺父母、尊敬兄长，可视为"为仁"的根本。因此对员工尤其是职业经理人，以孝察忠是比较有效的方法。管理者也只有对长辈孝顺，才会有对晚辈的爱（这是一个问题的两个方面），才会对企业的创业元老和后起新秀有合理安排。职业经理人只有与遵守孝道的企业家、资本家合作，才不会有后顾之忧。职业经理人只有在家中恪守孝道，才会大孝于企业，大孝于天下。

第四节　感恩心——获得人心的关键

1. 以心交心

如何让"忠孝"成为人内心的欲求，而不是强制和命令？最基础的一条，就是要有一颗感恩的心。在企业管理上，很多领导费了很大劲儿，效果却不明显。员工不是机器人，企业的发展要重视人，管理也要以人为核心。再高明的制度如果没有有高度责任心的人去执行，都是无效的。责任心从哪里来？责任心从感恩之心中来。因此，要培养员工的责任心，首先就要培养他们的感恩心。培养了员工的感恩心，责任感也就培养出来了，大家有了责任感，企业自然就会有凝聚力。

人是有情意的动物，情意的延伸最终导致了人有团队，情是维系团队内部成员之间关系的纽带，因为有情意，所以团队得以稳定发展。而“情”主要体现在感恩上。感恩是一个人生命中最重要的力量之一，也是一个团队凝聚力的核心要素，一群没有感恩心的人，不可能成为一个有凝聚力的团队。

一个企业如何才能在激烈的市场竞争中立于不败之地？除了科学管理、技术创新，更重要的是有企业文化做思想保障，即让企业每个成员都能拥有一颗对企业感恩的心。孙子云“上下同欲者胜”，上下同欲是一个团队的核心追求，达到了上下同欲，也就实现了同心无敌。感恩与同心无敌之间有密不可分的关系，感恩之心可以促使企业内部更团结，从而达到同心无敌。在一个团队中，如果人人感恩，他们更愿意付出，也不会因为一点小事而斤斤计较，他们会更加看重团队的成功。

要让员工拥有一颗对企业感恩的心，企业管理者首先自己得有感恩之心，以感恩的心来和员工交心。

谭小芳老师说过这样一个例子：“在一个9月末，我看到中国南方一家著名周刊，把一家颇善于炒作并试图成为‘跨国企业’的中等规模公司的领导和高管们，列为一期特刊的封面人物，为他们歌功颂德。这样一种强烈而鲜明的对比，让我不由得感到一种讽刺。到底谁是这个企业和这个国家的主人？在这本长达50页的特刊中，除了封面上一堆公司高管的照片之外，内页洋洋洒洒都是公司高管们将自己的工作与公司发展史紧密联系的应景文章，配图中除了两张流水线的工作照之外，再也没有基层员工的影子。翻来翻去，不见那些30年来默默支撑着这家公司数十间海内外工厂订单任务的工人，也不见那些在风雨中值班站岗的保安，更不见那些为公司创造良好工作和生产环境的保洁员。没有注解，没有感谢，海内外十余万员工没有出现，那仅有的基层员工代表，在照片上已经被化身为‘无名氏’。”

这个例子确实让听者很痛心，员工们辛苦的工作，却换不来领导的一声“谢谢”。这家企业的领导给人的感觉不是可敬而是可恶。一个企业如何才能获得社会和团队的认可和尊敬？靠的不是炒作，靠的是“人性”。一个受人尊敬的管理者应该懂得将自己的成功和成就跟最广大的员工一起分享，而不是仅仅与少数的高管们自娱自乐。

与这个虚假的企业形成对比，笔者曾经在报纸上看到这样一个故事，说某民营企业在领导的带领下，仅几年的时间就建成了规模宏大的工业园。这位领导做企业的最大感悟就是——做企业的本质就是做人。

在庆祝企业建厂六周年时，企业抛弃了领导发言、员工讲话等一系列虚假的活动，举行了一个特殊的庆典活动。这位领导在自己新建的工业园里，为两位“英雄”员工塑了两尊半身铜像。这两位员工都是在企业发展的过程中做过突出贡献却又英年早逝的功臣。这位领导对这两位员工一直感恩不忘。在庆典之际，这位领导征得了两位员工家长的认可，把他们的遗骨从他们的家乡请回了新建的工业园。在遗骨到达的时候，这位领导与自己的家属披麻戴孝，迎接企业英烈的遗骨荣归企业。那一天，企业上上下下和在场的媒体记者无不落下眼泪。在这次企业庆典上，这位领导还请回了很多已经离开企业的员工，对他们当中做出过贡献的人进行了表彰和奖励；并对所有离开的人员声明，企业的大门永远向他们敞开。庆典之后，企业全体员工的士气空前高涨，为企业的进一步发展壮大提供了强大的动力。

现在有许多企业都在提倡感恩之心，绝大多数企业都要求员工要对公司感恩。仔细想想，其实感恩应该是双向的，一个企业能够从小到大、从弱到强，与全体员工的付出是分不开的。如果没有员工的参与，再好再大的企业要想继续发展都只能归于空谈。所以，企业也要学会感恩，可以感恩员工的方面有：感恩员工的认同；感恩员工的忠诚；感恩员工的努力……

总之，无论是企业的领导者、管理者还是员工，只要拥有了一颗感恩的心，他的行为处事必然会更踏实、更沉稳，在困难面前才会义无反顾，勇往直前，也更容易“艰难困苦，玉汝于成”。当然，需要指出的是，感恩意识不是一朝一夕形成的，而是长期的企业文化熏陶和行为影响的结果。

2. 把谢意送进员工的心坎儿

感恩之心能让员工发挥出更多的主观能动性，对员工本人、对企业都有好处。感恩并不只是一句口号，也不是员工单方面的行为，它是一种处于动态变化中的情感。

某公司有一个行政人员连续几个月加班，基本都是晚上十一点左右才回宿舍。虽然公司没有规定加班有加班费，但他一直无怨无悔、任劳任怨。后来他因私事请假半个月，可按照公司的制度，应该扣除请假期间的工资。作为管理者，该怎么给他算工资呢？

很多人也许会公事公办，按制度办事。而真按制度办事，不做其他形式的补偿的话，员工一定会毫不留恋地辞职走人。因为他觉得自己所付出的一切都不值得，感恩换来的回报就是不对等的伤害。几个月的加班没有任何奖励，半个月的请假就得扣除假期间的工资。如果你是这位员工，你是该感恩还是该感叹？因此，要让员工真正地感恩，让员工对企业有归属感，作为管理者首先要对员工有感恩之心，要有让员工值得对你感恩的行为。

但悲哀的是，很多管理者都还存在这种思想，州官放火可以，百姓点灯就不行。喊着让员工感恩的口号，工作中却做着让员工“后悔”的行为，哪怕是一丝真诚的鼓励、一点谢意都没有。当员工一个个怀恨离开以后，又痛骂他们没有感恩之心，对企业不忠诚。以员工的感恩之心来提高员工的主观能动性和忠诚度，让员工一心一意地跟着你的步伐走，这才是管理的最高境界。而要达到如此境界，首先管理者自己得对员工充满感激之意，并把这种对员工深深的谢意送进员工的心坎儿里。

某食品企业有一名业务员兢兢业业，取得了业绩第一的好成绩。年终总经理把他单独叫到办公室，对他说：“由于你本年度工作业绩突出，公司给你10万元作为奖励。”业务员当然非常高兴，谢过总经理后带上门就要离开。

这时，总经理突然叫住他：“今年你多少天在跑业务，陪你妻子有多少天?”业务员回答说:“今年我在家不超过10天。”总经理惊叹之后,拿出了1万元递到业务员手中,对他说:“这是奖给你妻子的,感谢她对你事业无怨无悔的支持。”

接着总经理又问:“你孩子多大了,你今年陪他几天?”业务员回答说:“孩子不到6岁,今年我经常在外面没有好好陪过他。”总经理又从抽屉里拿出1万元放在桌子上,说:“这是奖给你儿子的,告诉他他有一个伟大的爸爸。”这名业务员热泪盈眶,千恩万谢之后准备走。

这时总经理又追问:“今年你回家看望过父母,尽到当儿子的孝心了吗?”业务员难过地说:“只见过一次面,多数是打电话报平安。”总经理感慨地说:“我要和你一起去拜见伯父、伯母,感谢他们为公司培养出如此优秀的人才,并代表公司赠送给他们1万元。”这时业务员再也控制不住自己的眼泪,哽咽着对总经理说:“感谢公司对我的奖励,我今后一定会更加努力。”

遇到如此体贴的经理,员工会怎样想?他们心里肯定想:我能遇到这样体贴、关心自己的好领导,在工作上一定要给予企业最大的回报和支持。事实上激励员工不是多么困难的事情,只要企业的领导真心为员工着想,做出真诚地感谢员工、感谢员工家属的举动,把一份谢意送进员工的心坎儿里,就是最好的激励,就会牢牢抓住他们的心。

在日立公司,每年都会评选出对企业有突出贡献的员工,颁奖典礼非常隆重。从会场主席台上,红地毯一直铺到会场门口,董事长和所有领导成员站立在会场两侧,对步入主席台的每一位获奖员工行注目礼。

这么隆重的颁奖，使得员工充分感受到自己在企业中的价值，也激发起对企业深深的感恩心，从而以更好的业绩来回报企业对自己的重视和关爱。

感恩文化是一种双向互动的文化，也叫有恩文化。企业的感恩文化建设不仅要唤起企业与员工之间的感恩意识，还要把这种感恩意识用感恩与回馈感恩的行动体现出来，实现企业与个人双赢的共同目的。有恩才有感恩，企业感恩文化建设的主体，是主动的参与者和创造者，企业为员工搭建成长、成才的平台，员工为企业的生存、发展做出不懈的努力。两者相互依存，不可或缺。企业感谢员工的付出，将发展的成果尽可能多地惠及员工，员工感谢企业给予的种种回报的同时，以更加努力的工作态度回报企业，促进企业的不断发展，形成一种自觉的感恩与回馈感恩的良性循环。

美国著名的企业管理顾问史密斯指出，每名暂时没有好的表现的员工，只要得到领导的认可，都能对他产生激励的作用。但是，现实工作中很多员工竭尽全力地把任务做得很出色，却从未得到过哪怕是一声“谢谢”，多数管理者想当然地认为将事情做得出色是员工理所当然应该完成的工作。

保罗·莫任在他的管理职业生涯中曾经一度认为对待员工应该是这样的：“过去，我一直忽略了对我团队成员的成就（以及我自己的成就）予以感谢，因为我个人对这方面从来没有重视过，因此，我就忘记了对别人的成就给予表扬。相反地，我认为他们所取得的成就只不过是他们规定工作中的一部分，而规定的工作是不需要特别认可的。”

当保罗·莫任到太平洋贝尔企业任职之后，他对给予他人认可、对他人的成就给予表扬的重要性有了新的认识。他发现，这对其他人来说是很重要的，因此，他决定改变自己的思维模式。为了提醒自己公开表扬的重要性，他编制了一张表扬他人的优先性列表。每当他的团队取得关键的成就的时候，他都亲自走到项目管理部的每个人面前，和他们一一握手；他会挑选出几个重要的团队成员，带他们出去吃午饭；他会亲自打电话给每一位团队成员，感谢他们在项目管理中付出的努力；他会邀请大家共同参加一个小型的办公室聚会，一起享用蛋糕和咖啡。

很快地，莫任就看到企业的生产业绩上升了，员工的缺勤率降低了，同事之间正在形成更紧密的人际纽带。而且，由于和他一起工作的员工开始有了更大的主动性，他自己的工作变得更简单了，管理起来得心应手。同时更加合作的工作氛围带来了更好的沟通，员工之间的冲突也减少了。

员工都希望自己的工作被领导认可，最希望得到的精神奖励是“谢谢你”。我们可从欣赏、致谢、表扬，以及一些简单的传达了注入“我关心你和你在做的事情”的手势和语言开始。不管是一句简单的“谢谢你”，还是精心准备的庆祝，都是传递“你做得很对”“你确实做得很好”“谢谢你”的讯息。管理者拒绝给予员工正反馈的礼物就是拒绝成功机会的增加。

著名的管理专家鲍勃·纳尔逊说过：“在恰当的时间从恰当的人口中道出一声真诚的谢意，对员工而言比加薪、正式的奖励或众多的资格证书及勋章都更有意义。这样的奖赏之所以有力，部分是因为经理人在第一时间注意到相关员工取得了成就，并及时地亲自表示嘉奖。”

一个企业能够做到从小到大、从弱到强，与全体员工的努力是密不可分的。如果没有优秀的员工参与，再好再大的企业要想继续发展只能是空谈。所以企业要学会感恩，学会对员工说“谢谢”。

第五节 责任心——“负责”和“指责”的区别

1. 用而不教，领导之过

带团队就是带人心，内心的驱动力应该是一种无私的责任心。领导者更多的是在扮演好桥梁的角色，培养好、用好人才，实现对团队的承诺，这都需要责任心来驱动。

如果把企业比喻成一座大厦，那么每个员工的责任感就是这座大厦的基石。责任心是企业对员工的基本要求，也是每位员工应有的素质。古人把“知耻近乎勇”视为美德。王永彬在《围炉夜话》中也说：“人之足传，在有德不在有位；世所相信，在能行不在能言。”这都说明做人要有良好的道德约束和责任心。

只有具备了责任心，我们才会有不断进步的动力，才会有勤奋工作的热情。在我们工作中，也正是因为有了“责任重于一切”的信念，才会有员工自觉加班加点奋战在自己岗位上的行为；正是因为有了“责任重于一切”的信念，才会有员工牺牲休息时间，以他们敬业的精神和认真负责的工作态度，仔细排查隐患，让企业避免安全事故的行为；正是因为有了“责任重于一切”的信念，才会有员工不顾恶劣天气，舍小家顾大家的行为……

相反，如果一个人责任心缺失，我们看到的将不会再是奉献，而是无数推托甚至指责之词，甚至还会看到一些人为了推卸责任而抵赖、狡辩的情形。那么，如何才能修正员工们的思想根源，端正员工的态度，加强员工的责任心，消灭那些推脱甚至指责之词呢？

《三字经》里有句话：“子不教，父之过；教不严，师之惰。”这句话用在企业里比较贴切。如果一个管理者只知道用人却不知道教育人，那么这就是管理者的错。企业要想让每一名工作人员的责任心都充分体现出来，首先要让员工学会遵守纪律和制度，严格按照工作标准执行，并自觉接受组织监管。要做到这一点，少不了管理者对员工的教育。何为教育？就是教化、培育。其目的是告诉人们应该做什么，不应该做什么，应该怎么做；并教育人们把应该做的事情按正确的方法完成。管理者对员工的教育，就是一种责任。员工把他们一生中最宝贵的时间献给你，如果你没有好好教育他们，就是不负责任，就是误人子弟。

曾仕强在《中国式团队》中说：“中国人讲人性管理，讲中国式管理，绝不是说马马虎虎地管理，大家混日子，敷衍了事。这样做，害人害己，对待员工一定要严管。只有严管还不行，还要勤教，不教而管，就是虐待。”

此外，对员工“负责”不等同于“指责”。领导不能随便指责自己的员工。如果员工做错了，就指责他，你只是在发泄自己的情绪而已。

曾仕强说："员工第一次做错，要慢慢说明他为什么错了，会产生怎样的后果，该如何补救，怎么改，这就够了。如果员工第二次犯同样的错，就不要轻易放过他，但是也不能太严格，毕竟只是第二次犯错。这时，领导要告诉他，再一再二不再三，如果有第三次的话，后果自负，因为那时所有人都不会原谅他，而不是你不原谅他。这样做，就会渐渐形成一种风气，员工也知道了有错必改。"如果这样做，员工责任心的培养不但会水到渠成，而且还会对领导的做事方式更加敬重。如此，大家都尽心尽力地做好各自的工作，企业自然能良好发展。

员工的责任心，就是企业的防火墙。一个人的学历再高，能力再强，如果缺乏责任心，则工作失误率大，工作业绩自然不好，一定导致企业走下坡路。实际上，员工缺乏责任心不仅仅只是员工自身的问题，还有一部分来源于企业管理者不知道如何增强员工的责任心。那么管理者到底如何才能管理好员工的责任心问题呢？

（1）严格执行工作流程

要想保证员工尽职尽责，首先要对其业务流程、管理流程、服务流程和信息流程等所有的工作流程进行完善，让员工有章可循、有的放矢，从流程上确保其责任达标。同时，要对流程的执行进行严格检查和监督，把复杂的问题简单化，简单的问题流程化，流程的问题标准化。照着流程和标准去做、去检查、去监督，员工自然也就尽职尽责了。

（2）严格进行制度监管

企业要通过制度，让员工明白违反流程、不尽责的代价。要做好监管，监管者首先自己要遵守规章制度，其次还要不徇私情，坚持原则，做到无情的管理、绝情的制度、有情的领导。

（3）感化员工的心灵

仅有流程、制度和监管，员工就一定能有责任心吗？未必。管理者还要通过心灵教育来进行培养，通过举行各种行为教育，让员工自愿接受约束，起到春风化雨的作用。

（4）领导要身体力行

想要员工有责任心，作为企业经营管理者的经理人，必须身体力行，起到模范的作用。如果作为领导者，出了问题率先逃避责任，那么无论怎么培训教育，员工的行为也不会好到哪里去。领导都担负不起责任来，一般员工的肩膀又能扛得住多大的责任重担？相反，如果领导敢于担责任，那么员工就不会惧怕犯错误，不会惧怕担责任，就会勇于创新，大胆探索，为企业的发展献计献策。这样，企业岂有不发展之理？

2. 原则不乱改，坚守原则才会配合默契

什么是真正的负责任？坚持原则才是真正的负责任。一位管理专家说：“我们不缺少雄才伟略的战略家，缺少的是精益求精的执行者；不缺少各种管理制度，缺少的是坚持原则、对规章制度不折不扣的执行者。”

任何企业都在强调员工责任心的培养，员工的责任心源自于哪里？谭小芳认为，领导的带头作用起主导原因——带头不遵循原则，工作效率自然就提不高，员工更是纷纷效仿行之。

格力电器董事长兼总裁董明珠被称为铁腕管理者，她曾经说过：管

理就要坚持原则。在网易财经对她的一次采访中，董明珠说：“制度、规范，这是不允许任何人打破的，包括我在内，每个人都必须按照制度去履行你的行为，不能随意改变。有些人利用亲戚关系来找，给你亲戚一点好处，你是不是对他网开一面？但是我们都不可以这样做，宁可放弃这种亲情关系也要坚持原则，可能这也是原因之一吧；还有一些人来跟你做交易的，我给你个人多少好处，你给我怎么样怎么样，这些现象我们都是不允许在格力电器发生的。如果没有强硬的管理，我们的上游采购本身就有很多问题，很多的推销商不遗余力想渗透进来。他不能用一个好产品渗透进来，而是希望用一种关系把不好的产品渗透进来，以求他个人能得到更大的利益。你对这些行为肯定要进行制止，而且必须是强硬的手段，包括我们企业也有一个所谓的清华经济博士后，一样，你不是把自己所学的知识为企业做贡献，而把这种权力、知识变成为自己个人谋利，那肯定是‘格杀勿论’，像这样所谓的博士后我们也一样炒掉，不要。任何东西都不能跟制度相提并论，我们必须要坚持原则。”

事实上，只有坚持原则，团队才能配合默契。因为坚持原则，不仅仅是个人品质使然，更是健全制度的必然。试想，一个连原则都没有的人，在利益面前怎么可能坚守住制度，更谈不上自觉遵守制度了。如此，团队之内，何来默契的配合？所以，管理就必须要坚持原则。要做到坚持原则，我们可以从以下三个方面来入手。

（1）原则绝不能乱改

随随便便就改原则，那根本不叫变通，那叫乱改。在企业建立之初，领导者肯定要建立几个重要的基本原则，有了这些基本原则，大家才知道如何去配合领导的工作，才可以彼此配合默契。而配合默契就等于提高生产力。如果建立了重要的原则，领导却总是朝令夕改，别人还怎么配合你，怎么可能配合默契?

坚持原则就是要守住几个重要的原则，永远不会改变，这些原则之外的，该变的就变，不该变的就不要变，否则根本没法配合。有的人习惯随便改原则，结果经常错得离谱。要培养默契，领导者就要明确地告诉下属，除了这些原则以外，其他的都可以见机行事。

(2) 一切按照原则做出判断

领导在交代下属任务之前，一定要先交代原则，让干部根据你给出的原则来判断自己能否胜任。如果不能胜任，下属要把自己的想法及时反馈给领导，领导要么找其他人来解决这项任务，要么自己来解决，如此，大家谁都不耽误谁的时间，自然能建立起默契。如果下属按照领导给出的原则，觉得任务在自己的能力范围之内，领导自可放手让其担任，当下属需要一定的指导时，给予下属帮助即可。如此，团队效率自然可以提高。

(3) 要把原则说得清楚明白

曾仕强说:“我最佩服汉高祖的约法三章，约法三章非常有实效。领导与干部之间约法三章，会一劳永逸；否则的话，干部天天猜你的想法会很辛苦，而且经常出错。”

卓越的管理必然是科学的管理，科学的管理就是要用原则来规范员工的行为。领导者确定了明确的原则，让大家知道要做什么、怎么去做、怎么能做好；哪些事情能做，哪些事情不能做。这是一个公司成熟的重要标志，更是一个公司平稳发展的有力保障。

第六节　包容心——宽可容人，厚可载物

1. 兼容并蓄，追求公正而不追求公平

曾仕强在《中国式团队》里说："西方人讲求公平，中国人知道不可能存在绝对的公平。管理是不可能公平的，为什么？因为机会是有限的。如果资源充足，机会无限大，人人都能得到满足，那绝对会很公平。但现实中是不可能的。比如，公司只能派两个人去日本观摩，每个人都想去，怎么办呢……所以，当领导的只能力求公正，而不是公平，并且要让员工明白这一点，这样，员工们会理解你的难处。

公平是不可能做到的，但是可以做到公正，公正就是合理的不公平。很多中国人受到西方人思想的影响，把平等当作处世的价值观，这是行不通的。我们只能做到合理的平等，甚至合理的不平等。所以，领导千万记住，资源不足，机会有限，要告诉员工："我保证我很公正，但是希望各位谅解，我是不可能公平的，总要有个先来后到，同样的条件，我们让他先去……"这样，去的人会感激你，因为他是被优先考虑的，而不是他应得的；没去的人也不会心生怨恨，因为你很公正。

在管理中，还有一种说法是"兼顾不了，求合理"，其实是和追求"兼容并蓄，追求公正而不追求公平"的管理境界有异曲同工之妙的，既

然机会和资源有限，做不到兼顾人人，只要做到合理即可。做到了合理即做到了兼容并蓄，同时最后的结果又会让所有人感觉到公正，如此，企业便实现了和谐。

人人都想被公平对待，但管理中，不存在理想的公平，因为不同的人有不同的公平标准，有时对很多人来说是公平的事，对部分人来说却意味着不公平。我们无法追求绝对的公平，但要做到公正却不是不可能。所以，在实际工作中，管理者要从根本上改变公平的观念。千万不可以把公正理解成公平，公平是大锅饭，而公正就是要做到奖罚有度，奖罚分明，绩效好的员工能得到应有的奖励表扬，绩效差的员工能给予处罚批评。做到公正才能树立自己的权威，才能激励员工。

总之，在遇到事情的时候，管理者最好的做法就是坦诚向下属说明“我只能够公正，却很难保证公平”，如果管理者自己一味地强调“公平”，员工就会用不公平来挑剔你。坚持公正但承认不公平的存在，这才是解开两难选择、做到兼容并蓄的突破口。

2. 不上侵下职，有依附感才有归属感

俗语说：“上下一条心，黄土变成金。”在一个企业里，管理者与员工之间能不能互相了解，彼此体谅，保持默契，是管理能否取得成效的关键因素之一。那么，如何建立上下默契的关系？上下的默契，要从“避免上侵下职”开始。

什么是上侵下职？上侵下职与下侵上职正好相反，下侵上职是指下属越权，侵犯了上级的权利；上侵下职则是指上司夺走了下属的“权

力”，把下属的事情抢着办了，却反过来指责下属偷懒、不负责。

现在，很多管理者都抱怨自己有多累，自己的员工有多不争气，是自己的员工真的那么技不如人吗？当然不是。是你上侵下职了。这就像一位管理者说的：“我觉得我的部下根本做不来，也做不好一些事情，与其花那么多时间教他们做，还不如我自己拿起来做，反而方便得多，至少不必受气。”你没有指导、辅助过自己的员工，你怎么就知道教他们需要很长时间呢？说不定你的员工悟性很高，一学就会呢。所以说，很多时候根本不是你的员工笨，而是你习惯了“自我折磨”。

除此之外，很多管理者还有更多的理由来支持自己“上侵下职”，而不指导、辅助、监督下属去完成。比如，总觉得下属怎么做都赶不上自己做起来轻松；不愿意承受下属爱做不做的刁难，干脆自己动手；老是对下属不放心，生怕下属弄坏了，自己还得收拾残局，于是自己动手，以求安心；怕自己的上司认为自己缺乏能力，所以始终保留一些工作，来保护自己……

真的有必要这样吗？当然没必要。仔细追究起来，这些理由根本都站不住脚，根本都不成理由，他们只是上司用来掩饰自己“上侵下职”的借口。比如，你觉得下属笨，怎么都赶不上你，你最好反思一下，是不是自己给下属造成了太大的压力，他才会这样？这个时候，你不妨少给他点压力，让他自己去适应调整，他自然会越来越轻快灵巧，有时还可能超越上司。比如，你不愿意承受下属爱做不做的刁难，自己动手，这点你更应该自我反省，和下属赌气，并不是上司应有的态度，赶紧设法加以改变才是一个领导该做的。比如，你对下属不放心，很可能是你对自己的下属不信任的结果。通常来说，你越是不信任自己的下属，就越可能对自己的下属产生不放心的感觉。这很难让你们之间产生高度的默契，这种主观的偏见，必须由上司自己来修正。

但总体来看，管理者之所以上侵下职，究其原因是他们缺少一颗宽容心：看不了下属的缺陷；忍不了下属工作中的缺点；受不了下属一些不好的小习惯；更受不了下属在工作中犯错……俗话说“金无足赤，人无完人”，如果管理者因为不能容忍下属能力上的不足或者缺点，不愿放手让下属去大胆工作，反过来指责下属偷懒、不负责，那么，下属在你这儿就永远找不到成功感，更找不到依附感和归属感。所谓“水至清则无鱼，人至察则无徒”，水太清澈了，没有鱼儿能够在里面生存；人太明察，太苛刻了，就没有人愿意跟随了。

所以，为了能把员工吸引在你的周围，你必须怀着一颗包容心，把下属应有的工作空间归还给下属，让下属在自己拥有的工作空间里学习、磨炼，并且获得成就感，这是上司应有的修养。管理上原本有一条法则，称为“例外法则”，意思是指凡是下属能做的事情，就让下属去做，上司越少干预越好，如此，下属才能够自己承担应有的责任。要知道上侵下职不但妨碍下属正常的学习、成长，而且破坏上司与下属之间的关系，必须及早加以改善，以期发挥总动员的效果。

实践也证明：假如你不“宽容”行事，那么，你就永远不可能成为一名真正的成功者。一个人，优点越是突出，缺点也就越明显，身为领导者必须要有海纳百川的胸怀，能容人之长，也要能容人之短，必须学会客观地看待下属的优缺点。千万不要因为受不起下属的一些缺点，就把责任使劲往自己身上扛，你有责任，其他的人就没有责任。有很多领导，生平只在做三件事：

①千方百计要证明他的员工们都是笨蛋。

②忍不住自己要表现，抢员工们的功劳。

③千方百计把所有的责任都扛在自己身上。

这样的领导真是失败至极，优秀的领导应该做的是以下三件事：

①保证我的员工都有饭吃。

②保证我的员工都能不断地成长。

③让正确的人做正确的事。

做好了这三件事，你就可以轻轻松松地考虑将来，这才是一个优秀的管理者的工作重点。

第七节　慈悲心——施一份宽容，恩泽万丈

1. 魔鬼训练，加强历练才会有提高

对领导而言，爱是什么？让员工不断地成长，就是领导对下属最伟大的爱。所以，爱他就严格要求他。人才是企业的第一宝贵资源，企业领导者爱惜人才就要善于“压担子”，善于通过职务和任务来促进人才的成长。在职务设计上，要给他们高出一定能力的职务让其担任，使这一职务具有挑战性，以便促其只有尽心尽力才能适应职务的需求，以此来促其良性循环、螺旋上升。

日本著名管理学家土光敏夫说过："人们不是有了这个能力才担负这个职务，而是担负这个职务才发挥这个能力。"可见人都具有一定的潜在能力，这个潜在能力在"压担子"下就会千方百计地发挥出来变成现实的能力。一项职务的责任越大，其挑战性越大、冒险性也越大，当然成就也就越高，这就会使受命人有一种荣誉感。反之，如果你总是给他一些毫无挑战性的职务，这只会使其感到不快，久而久之他们会感到有才能无处施展。不能人尽其才——这不是爱惜人才，而是浪费人才。

所以，爱他你就历练他。历练和经历不一样，历练是要吃一些苦的。一个人"不知民间疾苦"，那他就很难体会成功的重要性。中国有句话叫"吃得苦中苦，方为人上人"。孟子也说过："天将降大任于斯人也，必先苦其心志，劳其筋骨，饿其体肤，空乏其身，行拂乱其所为，所以动心忍性，增益其所不能。"说的都是这个意思。国内外很多知名企业非常重视干部和员工的历练，它们通常会开设"魔鬼训练营"，以锻炼干部和员工。"魔鬼训练营"最大的目的不是给你提供什么东西，而是让你知道世上有多少困难。

"折腾是检验人才的唯一标准"，这句话出自柳传志之口，在他的手下有很多优秀的人才，都经历过柳传志反复的魔鬼训练，最终脱颖而出的杨元庆就是其中一位。

杨元庆硕士毕业后应聘来到联想集团。作为一个硕士研究生，他从推销员干起，并且一干就是两年。这份工作并不是他感兴趣的，然而，正是这份工作极好地锻炼了他的管理才能。不久，因为业绩突出，他被提拔做了 PC（Personal Computer，个人计算机），部的总经理。

1993 年，国内计算机界经历着有史以来最严重的危机。联想集团也是在这时第一次没有完成既定目标，有人撰文提出“联想还能撑多久”。就是在这样的背景之下，杨元庆出任了 PC 部总经理。那时候杨元庆不到 30 岁，没有任何相关经验，突然要接手一个亟待起死回生的部门，肩上的压力可想而知。

可是，正是这巨大的工作压力变成了激发杨元庆潜能的一种有效方法。面对重重困难和巨大压力，杨元庆的种种潜能逐步被开发出来。杨元庆的管理天赋再次被激活了。

他十分敏锐地发现了 PC 部管理存在的一系列问题，针对这些问题，杨元庆开始出招。就这样，PC 部在杨元庆潜能大开发的同时，起死回生了。1996 年，PC 部在杨元庆的领导下在国内名列第一，一举打破国内 PC 市场多年来被国外品牌霸居第一的局面，真正树立了中国品牌 PC 主导中国市场的信心。在此后的几年，杨元庆就当上了联想集团的副总裁，还先后获得了中国科学院“优秀青年奖”、首都青年“科技企业家之星”奖、第二届“中国杰出青年科技创业奖”。

柳传志在给杨元庆的一封信中说：只有把自己锻炼成火鸡那么大，小鸡才肯承认你比它大。当你真像鸵鸟那么大时，小鸡才会心服。经过不断的“折腾”，杨元庆最终也真正成了一名经得起任何压力的“铁人”。

一个善良的人觉得蝴蝶幼虫在茧中拼命挣扎太过辛苦，出于好心，就用剪刀轻轻地将茧壳剪掉，让幼虫轻易地从里面爬了出来。然而不久以后，那只幼蝶就死了。幼蝶在茧中的挣扎是蝴蝶生命中不可缺少的一部分，它是为了让自己身体更强壮、翅膀更有力。如果不经过必要的破茧过程，它就无法适应茧外的环境。对真正的人才来说，溺爱就是摧毁，而魔鬼训练恰恰是培养和检验。一个人如果不经历必要的磨炼，就会很脆弱，没有能力抵抗以后的风风雨雨。

所以，对待人才，管理者大可尽情历练。如果你真的爱你的下属，就考核他，要求他，以高要求、高目标、高标准逼迫他成长。如果你总是碍于情面，以低要求、低目标、低标准要求你的下属，他们只会变成一群小绵羊、小白兔。这是你对下属最大的不负责任。因为这只会助长他们的任性、嫉妒和懒惰。

让你的下属因为你而成长，拥有正确的人生观、价值观，并具备了完善的品行。这才是对下属最大的恩泽。要知道，使一个人痛苦，必使一个人强大。任何一个优秀的管理者都不会给下属安全感，他们都会用最残忍的方式激发每个人变得强大；凡是想办法给下属安全感的公司都会毁灭，因为再强大的人，在温顺的环境中都会失去狼。

当然，在历练下属的过程中，管理者要有宽容之心，要允许员工犯错，给予其改正的机会。敢于给员工做事的机会，也能给员工犯错的机会，这才是培养人才。

2. 跳出真我，宽恕让未来变得开阔

宽容是中华民族的传统美德，随着社会的不断发展，宽容也越来越多地被应用于企业管理。领导宽容，就可以使近者悦、远者来，天下归

心，让员工高效、自觉地工作。员工懂得宽容，才能有效地处理好人际关系，为自己创造一个轻松的工作环境。可见，宽容在企业发展中非常重要。

佛语有云“精明者，不使人无所容”，《尚书》中有“有容，德乃大”之说，《周易》中提出“君子以厚德载物”，荀子主张“君子贤而能容罢，知而能容愚，博而能容浅，粹而能容杂”，说的都是领导者要加强个人修炼，学会包容，学会超脱。在实际工作中，人无完人，当你的下属犯了错误或者存在缺点时，不要一味地批评，宽恕更能激发下属的奋进心。

有一个关于小沃森的故事流传很广：

> IBM 有个员工犯了一个错误，造成了 1000 万美元的损失，他对领导小沃森说：“我是不是该卷铺盖了？”小沃森说：“你疯啦？我们刚刚为你交了 1000 万美元的学费，你想我们会让这么一大笔资产从公司流失掉吗？”因为小沃森的宽容，这个人一直心存感激，在以后的工作中，他更加努力，后来成为了 IBM 内顶尖的人才。

如果小沃森因为这个人造成了 1000 万美元的损失而辞退他，那么这个 1000 万美元就成为企业的成本，而且是没有任何收益的成本。但是小沃森没有这样做，他希望这个人能够从失败中吸取教训，为自己赢得了人心，也为企业赢取了更大的收益。

现实中，很多领导总是不能做到宽容，要么盯着员工的错误不放，要么盯着员工的缺点不松，但是要知道，孩子们都是通过不断摔跟头才最终学会走路的，也是经过不断说错话才学会说话的。人非圣贤，孰能无过。而且往往是做事越多的人犯的错误就越多，如果不能够对失败采取一种宽容的态度，原本积极做事的员工必将逐渐失去工作热情。时间长了，他们就会演变成不做事。

为什么？因为要彻底避免错误，最好的做法便是不做任何事情，也就是要想方设法逃避责任。这便是在信奉惩罚的企业中，员工总是在千方百计寻找理由推脱责任的重要原因之一。

所以，为了增强员工的责任心，你必须要放下“苛责”，用“包容”去行事，这样，你才能成为一名真正的成功者。试想，如果你因别人的一点过错就心生怨恨，一直耿耿于怀，那么，你哪儿有精力发展自己的事业？所以，学会宽容下属，拥有豁达、包容的胸怀是成功领导必须走出的第一步。那么，管理者如何才能做到宽容呢？

（1）宽容员工之错

如果你想你的团队能够不断取得创新和更大的成功，那么你就要允许下属犯错误，并宽容下属的错误。彼得·德鲁克曾经说过：“从来没有犯过错误，也从来没有过失……这种人绝不可以信任，他或者是一个弄虚作假者，或者只做稳妥可靠的琐事。”

有位美国记者问稻盛和夫，为什么京瓷会如此成功。稻盛和夫回答她说：“因为我们从来不因为失败而处罚员工。如果一个员工在某项计划中遭遇失败，我们还是会立刻给他另一项任务……虽然前一个计划失败了，但是那个员工还是从中学到不少，并可以凭借过去的经验再向前迈进。”

实际上，许多成功特别是重大的发明、研究，都是在经历了多次失败后才获得最后成功的。在这个过程中，如果管理者不能宽容员工犯错，动不动就暴跳如雷，这样的团队不会有更多更大的成功，因为所有的人都会畏畏缩缩，不再有任何的创新精神了。相反，当管理者对错误有一个宽容的态度时，大家反而更容易面对错误，改正错误，其团队就会更加有创新精神，就更容易比自己的对手取得较大的进步。

曾经编写和制作了很多令人难忘的商业培训影片的约翰·克里斯说过一段非常深刻的话："在不允许犯错误的组织里，你会看到两类适得其反的行为。首先，因为错误是'不好的'，所以如果犯错误的是高层的人，那么从这些错误反馈回来的信息必须要被忽视或者被选择性地重新解释，这样高层的那些人才能假装没有错误发生。因此，这些错误不会得到纠正。其次，如果犯错误的是组织下层的人，那么这些错误就会被掩盖。"也就是说，如果一个管理者容不得下属犯错误，那么从高层、中层到基层，大家只会"合起伙"来去掩盖问题，这势必会严重影响企业和团队的发展。

（2）宽容员工之短

彼得·德鲁克在谈到企业家的修炼时说："有效的管理者在用人所长的同时，必须容忍人之所短。"即便是优秀的员工也会有缺点，所以，管理者在衡量一个员工好坏时，不能拿一些平常的小事来考量，要综合分析和判断一个员工是否优秀，要针对组织内个体的需求，包容个体的差异性，对人员的考核和管理要多一些人情味，多一分慈悲，多一些柔软，多一点关爱，并在此基础上形成灵活应对、多元管理的模式。

2000多年前，孔子曾反复从正面说："宽则得众。"包容就能得到群众拥护。如果说，宽容对于一般人来说都非常重要的话，那么，对于居于上位的领导人来说，就更应该是一种必须具备的素质了。因为“宽容型领导”能把能人变成熟人、把熟人变成自己人、把自己人变成放心的人，然后让放心的人，去干不放心的事，如此，企业的管理便会变得简单。

第八节 敬畏心
——让企业理念入口入耳，更要入心入脑

1. 钱没那么好赚

古人云：“凡善怕者，必身有所正，言有所规，行有所止，遇有逾规，亦不出大格。”敬畏就是“怕”，就是要学会怕一些东西。懂得怕了，其身自不必违规违纪，所言必中规中矩，所行亦适可而止，即便偶有违规，也不至于超出大的原则，超越政策红线，超出做人底线。只有心存敬畏，才能面对职责不敢懈怠，面对任务不敢推诿；只有心存敬畏，才会自觉用法规制度约束自己，对于越轨之事不敢想、不敢干；只有敬畏，才会提高警惕，有所畏惧，严于律己，谨慎从事，不会忘乎所以，为所欲为；只有心存敬畏，我们才不会轻易浮躁，内心会生养正气、责任与庄严，我们的团队才更有凝聚力。

那么，作为管理者，如何塑造员工的敬畏心呢？

（1）要让员工敬畏职业、珍惜岗位

只有敬畏自己的工作，才会严格要求自己，高标准地把工作做好；否则，就会“庸、懒、散”，工作毫无起色，甚至一团糟。只有心怀敬畏，才会在工作中激发出无穷的想象力、激情和勇气，才会真正把工作当成事业去追求，才会全力以赴，勇于担当责任。

一位留学生在一家日本餐馆里打工，领导要求他刷盘子，每个盘子刷6遍。第一天，他老老实实地遵守，第二天，他发现刷5遍也可以，别人也看不出来，第三天，他又发现其实刷4遍和刷5遍区别不大，这样可以省很多力气，为什么那么卖命。第四天，他被辞退了。以后，他再也没有找到类似的工作，因为，他身上已经标明了“此人只刷4遍盘子”。

正是这位留学对工作的标准失去了敬畏心，随心所欲使他失去了工作，也失去了在一定圈子里的人格和地位。

（2）要敬畏纪律、积极履职

纪律是落实各项工作任务的保障，是规范，是秩序，是行为准则。对纪律心存敬畏是一种素质，是一种信念，是一种工作态度，也是一种修养。当员工害怕违反纪律、违反原则的时候，就会设法管住自己的大脑、管住自己的手脚，规规矩矩做人，踏踏实实做事，积极主动履职尽责。

（3）要敬畏人言，树立形象

老话说：人言可畏，众口铄金，唾沫星子淹死人。有些干部员工就不明白这个道理，在日常工作和生活中不注重干部形象，格调庸俗低下，品行不端，给企业带来了不良影响。

（4）要敬畏权力

权力意味着责任，企业员工需要时刻牢记岗位职责，做到在其位、谋其政、履其职、尽其责，就能够形成企业科学发展、加快发展的良好局面。

（5）敬畏公司的优秀者

人有见贤思齐之心，也有见贤畏惧之意。看第一名在台上接受众人的尊敬，看第一名在不断地成长进步，就想着为什么自己不是第一名。有了这种想法，就会憋足一口气，就不会怠慢，会立刻采取行动，然后持续地做。这种既尊敬又畏惧的气息环绕着他，他心里就会绝对地依赖这个组织，然后心生敬畏。

（6）敬畏产品

因为员工始终处在第一线，了解很多连领导都难以触摸的事情，所以可以第一时间跟别人分享。例如，销售在向客户推销产品之前，自身要相信这个产品的价值，不然就不会有结果。如果面对顾客时就体现出假、空、虚，不能深层次地造福顾客，如产品成交后还在背地里嘲笑客户笨，愿意花高价买企业生产的产品，就是对产品没有敬畏之心的表现。

事实上，敬畏心并不是单纯的“怕”，不是谨小慎微，而是真诚于人事，尊重而认真，有责任心。这里面包含着真诚心、真爱心和责任心。企业对客户没有敬畏心，则会不择手段，疏于为顾客负责而损害顾客利益，失去顾客信任；员工对工作没有敬畏心，则会无视责任而轻慢应付，难有建树。敬畏是自律的最高境界，有了敬畏，做任何事情才能有所坚持、有所遵循，既定的秩序和规则才能得以维持。

2. 安人先修己，修正自己是成功之本

曾仕强在《中道管理》说：“管理以修己为起点，以安人为目标。管理的意义，便是修己安人的历程。《大学》所论的格、致、诚、正、修、齐、治、平，是‘从内发扬到外’，教人由‘内部做起，推到平天下止’的管理哲学。管理者必先修己，才能正己正人。所以管理之道，以‘修己’为第一纲领。”的确，一个人连自己都管不好，怎么去管别人？所以，要谈管理，就应先把自己管好。

什么是“修己”？“修己”的意思是修造自己，而不是一味试图改变他人。曾仕强说：“有人花费太多的时间和精力去改变别人，这种错误的方向浪费了很多管理成本。领导若是一心一意地想要改变员工，员工就会保持高度警觉，不是全力抗拒，便是表面接受，阳奉阴违。领导不如用心改变自己，让员工受到良好的感应，自动地改变自己，更为快速有效。”张瑞敏说：“管理者就是做出榜样。”管理者自觉地“修己”实际上就是在以身作则。所谓“喊破嗓子不如做出样子”，管理者以身作则，更能有效地感染员工。

那么，管理者如何做好“修己”呢？要一个领导者处处做出表率，也不可能，管理者要做到修己，最重要的就是要提高自己的道德修为。古人云：“服人者，以德服为上，才服为中，力服为下。”管理者做到以德服人，员工们才会打心底产生敬畏之心。

良好的道德品质是一个企业管理者管好别人、说服别人的基础，也是管理好企业的基础。研究发现，任何一个成功的企业管理者身上，无

不体现了道德的力量。

一个道德修养差的管理者可以破坏企业良好的氛围，让企业内不正之风弥漫，对企业发展造成消极影响；而一个道德修养好的管理者，可以改变自己周围的环境，从而带动企业内形成正直的风气。作为企业的管理者，道德修养越深，对员工的号召力就越大，整个公司的人气凝聚力就越强。此外，一个管理者高尚的道德修养其实也是其维护自身权力的另一种注脚。

有个企业领导说，他的企业经营了十多年，没有一个员工跳槽，因为他根本就没有管过员工，而是做到让员工看到他就觉得不好意思欺骗他，所以，他的员工都兢兢业业，相当认真。这就是成功的领导。这就是良好道德修养的巨大影响力。相反，如果一个管理者的德行不够，员工就会认为：像你这种德行的领导，我对你讲良心干什么！所以，管理者管人的关键就在于先修己。

万通控股董事长冯仑说："在中国，钱永远不如道德更有力量，因为挣钱也就几十年，道德伦理则存续了几千年。"因此，无论是从社会角度，还是从企业发展角度，管理者身上都应流着道德的血液，管理者理应把提升企业的"道德指数"放在首位。

要提升企业的"道德指数"，管理者可从企业文化入手，在企业内组织员工开展伦理经营所涉及的各种文化知识的学习，提升员工对企业的忠诚度，为企业"道德指数"的提升创造必要的环境。

此外，要提升企业的"道德指数"，管理者更要不断自我完善，加强自我约束，在自觉接受员工监督和社会监督的基础上加强在权力、地位等方面的约束，尤其要加强在金钱、物质等方面的自我约束，做到严于律己、率先垂范。

最后，需要指出的是，管理者除了用“德”的力量来修正自己之外，还要用“德”来修正自己的员工。俗话说“上下同欲者胜”，当企业上上下下都乐于接受“德”的约束时，管理者便有了驱动企业长远发展的动力。

第三章

用“心”设计团队运行机制的五大基础

第一节　真诚——感人心者莫过于诚

1. 道理周全，无所谓对错

在一个团队达成共识，做出正确的决定之前，很重要的一个环节就是让团队做到言论自由。曾仕强在《中国式团队》中写道：“西方人提倡言论自由，因为在他们的观念中，‘对’与‘错’是截然相反的两个方面，不是对的就是错的，反之亦然。而在中国，没有绝对的对与错。一件事情，公说公有理，婆说婆有理，只要立场不同，那么表达出来的言论也就会不一样，并且同样能够自圆其说。”既然如此，就要求管理者在与自己的团队成员进行沟通时，要以“诚”的态度，以诚相见，把自己摆在与下属同等的位置，使对方有话可说、有理敢辩，真正做到言论自由。

实际上，当一个管理者能够不带任何偏见地允许员工进行自由表达时，员工也能感受到企业对自己的尊重，他们就能以自己的真心来回报企业。所谓“以诚感人者，人亦诚而应”，用真诚打动别人的人，别人也会用真诚来回应。可见，真诚在人际交往中非常重要。

“诚”不仅是一张社会最看重的通行证，更被视为一种珍贵的力量。

这股力量在于，“诚”是一把能打开他人心门的钥匙，让别人信任自己。诚是人与人交流合作的基础，管理者对待下属时，若能做到“诚”，能从内心深处体察员工所需所想，这不仅可以调动员工的积极性，更能换来员工的以诚相待，让他们能够以更积极的态度配合管理者的工作，如此，企业的脚步和谐统一，自然更有利于企业的发展。

韩国某大型公司的一个清洁工，本来是一个最被人忽视、最被人看不起的角色，但就是这样一个人，却在一天晚上，当公司保险箱被窃时，与小偷进行了殊死搏斗。事后，有人为他请功并问他的动机时，答案却出人意料。他说：每次，公司的总经理从他身旁经过时，总会真诚地赞美他“你扫的地真干净”。对！就是这么一句简单的真诚的赞美，就使这个员工受到了感动，并决定“以身相许”。

这个故事虽然只是管理者“真诚”的一个细微体现，但却让我们真正领会到了“真诚”在企业管理中的巨大力量，用“四两拨千斤”来形容一点也不为过。

人与人之间融洽的感情是心的交流，以诚相见，才会心心相印。心理学家曾就“喜欢与吸引”这一专题做过一个调查，他们列出了将近600个描写人的形容词，让被调查者指出在多大程度上喜欢一个有上述特点的人。结果，在8个评价最高的形容词中，有6个都是和真诚有关的：真诚的、诚实的、忠实的、真实的、信得过的和可靠的；而评价最低的形容词则是说谎、装假与不老实。因为伟大源于坦率，而谎言和欺骗则会摧毁一切文明。

另外，真诚也是建立领导力的有效手段，一个自视清高、高高在上的人，不会是好领导。试想，一个动不动就摆架子、说官话的领导者，下属怎么可能做到有话可说、有理敢辩。这样的团队无非是流行个人英雄主义罢了。但是，团队的力量来自最大限度地杜绝个人英雄主义，所以，领导者应该以真诚的姿态对待员工。如果一个领导老是高高在上，下属总是畏而远之，那么，这样的管理者很容易就走进个人英雄主义的死胡同，这对其领导力的建立是相当不利的。

管理难的一个重要原因就在于管理者缺乏人与人之间应有的“真诚”。不管是从历史的角度，还是从人际交往的角度来看，管理者都应该以一颗真诚的心来对待下属和同事，将心比心地多帮下属想一想，多进行“换位思考”。如此，管理才能简单一些。

一直以来，“小型企业靠人治，中型企业靠制度管理，大型企业靠文化管理”这句话被很多企业奉为经典，因为只有健康的企业文化才能长久支撑一个大企业。并且，所有健康的文化都必须建立在“真诚”的基础上。真诚的目的，在于彼此心灵的沟通。决策者或者管理者缺乏“真诚”的企业，其文化一定是一种病态文化，而病态文化是支撑不起“大企业”的。也就是说，“真诚”与否在很大程度上是影响一个企业能否做大做强的重要因素。

所以，管理者要感动“人心”，必须做到真诚。唯有真诚，才能进行有效的沟通；唯有真诚，合作关系才可能持久；唯有真诚，企业才会有真正意义上的团结和凝聚力；也唯有真诚，企业才会走上做大做强之路。

2. 一视同仁，让“平等”回归人心

《领导力》的作者詹姆斯·库泽斯和巴里·波斯纳花费20年的时间

分三个不同阶段对7500人调查后发现，尽管经历不同、行业不同、专业不同，卓越的领导人身上有着四项突出的共有素质：真诚待人、远见卓识、胜任其职、鼓舞人心。其中，真诚待人被放在第一位。

库泽斯和波斯纳发现，选择真诚作为领导者品质的人在每次调查中都占据了第一位。可见，真诚是领导者应该具备的一个最为重要的特征。对一个领导者来说，真诚是一种美德，是一种原则，更是获得追随者的一种能力。

日本本田汽车创始人本田宗一郎具有突出的诚实品质，他曾说：“有人鼓吹为国家、为企业而死，莫忘公司之恩等，该让说这些话的家伙去死！我绝不要求员工‘为公司干活’，我要他们‘为自己的幸福打拼’。从业人员不必要为企业而牺牲自己，而是为自己的幸福努力，工作起来才会有效率。”正是因为本田的真挚、坦诚，才吸引了一大批追随者去实现他们的终生梦想。

管理者以诚感人，其待人真诚很重要的一点就表现在他们能够做到一视同仁，不厚此薄彼。他们对事公平公正、表里如一，没有暗箱操作的做法。具备这种素质的管理者对外能取得别人的信任，对内能给下属以安全感。

有一位在日本丰田电气配件制造企业里工作过的朋友这样描述道：“在我所工作过的日本丰田电气配件制造企业里，协作是其根本特征之一。而协作的基础就是相互信任，由信任达成了彼此的责任和帮助。那么，凭什么建立信任？公平。当员工感到所在企业是一个公平世界时，他就会表现出很强的奉献精神。公平造就信任感，促使员工自觉行动，这才增强了企业成功的砝码。在我们企业内一线员工的收入和工长、科长的收入相差是不大的，基本也就两倍左右。而工资政策中也从不把奖励个人放在首位，尤其过分奖励个别的高层管理者，他们认为这会给企业员工之间的友好相处带来麻烦。对员工的工资政策，看重的是公平合理原则，而不是强调人与人之间的差异。”

在企业发展中，一些企业在发展中会凸显出许多问题。比如，老员工欺负新员工、在企业内部搞特权化、新员工不能得到平等竞争的机会等。而在海底捞却不会出现这些问题——海底捞倡导的是真诚地为员工提供公平发展的平台，绝对不搞特权化。因为在海底捞管理层看来，特权化只能让一小部分人得到利益，而使绝大多数人陷入到不公平的发展氛围中。如果允许这种情况在，员工就不能自觉地去发挥自身的工作价值，更甭提对企业死心塌地了。因此，海底捞从员工本身出发，力求为他们创造一种公平竞争的环境，这样一来便大大增强了员工的归属感，使得他们自动自发地努力工作。

海底捞的每位员工都是真心实意地为顾客服务，而这份真诚，则是源于董事长张勇的一视同仁和公正公平。海底捞员工的自豪感还来源于公平的发展机会和可能，在海底捞的内刊上，曾经出现过这样一句话：倡双手改变命运之理，树公司公平公正之风。在海底捞，每一位员工都能通过公司的晋升制度得到事业上的发展，只要他的表现好。在海底捞，即使那些没有管理才能的员工，只要通过任劳任怨的苦干得到认可的，其工资水平与管理人员不相上下。正是这些一视同仁和充满真诚的政策，才为员工营造了一个公平竞争的环境，使那些没上过大学的农村人心里打开了一扇亮堂堂的窗户，让他们坚信只要努力，人生就有希望。

公平、公正是人心所向，是人的一种基本需要。俗话说“公生明，偏生暗”，管理者如何在工作中公正无私，是对管理者综合素质的全面考验，更是其综合能力的体现。

要做到公平、公正，为员工营造一个公平的世界，管理者就必须要做到严格按制度办事，按规矩办事。在制度面前，不厚此薄彼，不护亲责疏，做到责于下者，必先禁于上。

此外，在对下属进行奖惩、升迁时也要一视同仁，不搞亲疏远近，不搞干好干坏一个样，保证既不能让踏实工作的下属吃亏，也不能让使奸耍滑之人沾光。否则，就会让踏实工作的下属寒心，失掉对工作的热情。

第二节　信任——道不同不相为谋

1. 爱人始于信任人

管理者对下属的爱源自哪里？源自信任。所谓爱人始于信任人，就是这个道理。信任是团队创造高绩效的基石，团队成员之间相互信任、团结、友爱，才能增进团队的凝聚力和向心力。

如何激发员工为企业工作的热情？最大的秘诀就在于他“被信任”。这里特别要提到的，不是只有管理人员“被信任”“被重用”。企业的基本管理理念是“信任人”，也就是让每一位员工都得到信任、尊重。只有注重全员的工作能力，才能使每一位员工都迸发出活力，发挥特长。其实，如果员工能感受到“被尊重”，才能产生高度的责任感、使命感，才能竭尽全力地完成他的工作。

对人的尊敬就是信任——信任你的操守，就不会把你当贼防；信任你的能力，就会把重要的事情委托给你。人被信任了，才会有责任感。而信任的突出标志就是授权。海底捞给其员工与各级经理最多的正是“信任”与“授权”，让他们收获幸福感和成就感。

很多企业的管理者缺乏对员工的信任。企业通常会设置许多的规章制度，设法通过严密的制度监督员工，使之想干也干不了对公司不利的事情。因为缺乏信任，对员工放权就更不到位了。有的企业领导，大事小情都是他一个人说了算，员工只有干活的份儿，没有说话的份儿，最终导致企业领导身心俱疲，员工人浮于事，企业效率低下。究其原因，是领导怕员工擅权，损害公司的利益。

事实上，管理者完全没必要如此。要知道，营造相互信任的团队氛围，才是企业增强团队精神的有效方法。相互信任对于团队中每个成员都会产生重要的影响，尤其会增加员工对组织的情感认可。而从情感上相互信任，是一个团队最坚实的合作基础，能给员工一种安全感，让员工真正认同公司，把公司当成自己的家，并以之作为个人发展的舞台。

高效团队的首先表现就是团结一致，突出表现就是信任。信任是一种有生命的感触，是一种高尚的情感，更是一条连接人与人之间的纽带。如果没有信任，团队合作就无从谈起，也就无从拥有团队精神。因此，团队精神的一个特点就是团队成员之间相互高度信任。领导者必须在团队内营造相互信任的工作氛围，这是打造高效团队最基本的要求。

用透明营造信任，是阿里巴巴取得今天如此辉煌成绩的法宝之一。阿里巴巴创业之初，规模小，人员不多，他们建立的信任基础十分简单而直接，就是靠争论、“吵架”获得的。现在，更多的透明化举措正在逐步开展，比如马云的讲话、股东大会，或者集团高级合伙人会议等，员工都能在内网上实时看到。开放透明不仅增加了员工对阿里巴巴的信任感，也让员工在这里找到了归属感和安全感。这就是很多人选择留下的最大动力之一。

谭小芳老师说：“从社会资本的角度看，企业拥有五种‘精神财富’，分别是顾客对企业的信任、合作伙伴对企业的信任、员工对企业的信任、股东对企业的信任以及社区对企业的信任，五种信任加起来之和才是企业的立身之本。而这五种信任当中，员工对企业的信任又是本中之本，万源之源。”

管理就是信任；管理就是在互动中增加信任；管理就是想办法打开信任的大门。如果要构建团队内部的相互信任，就必须做出以下努力：一是要表明自己既是在为自己的利益工作，也是在为别人的利益工作；二是让自己成为融入团队的一员，要从行动上来支持你的团队；三是相互之间开诚布公；四是坚持公正的原则；五是充分地展示自己的才能。

2. 给予下属家庭式的情感抚慰

信任对于一个团队来说，具有化腐朽为神奇的力量，团队信任是一个优秀团队成功的基石。它能够使团队凝聚出高于个人力量的团队智慧，造就出不可思议的团队表现和团队绩效。任何团队的沿袭发展，成就辉煌，必要仰仗“信任至上”。

如何打造一支充满信任的团队已经成为管理者最关心的话题。众所周知，因为血缘关系，家族成员之间有一种天然的信任，这就像大午集团董事长孙大午所说的：“在家族内部，信任的成本是最低的。”管理者如果能将家族的圆环向外扩大，把每一个员工圈进来，那么，就能达到用家庭式的信任纽带来维系企业凝聚力的目的。大午集团的生产资料堆得到处都是，却没有人偷拿，原因就在于大午为员工营造了“亲情”管理文化，不断给予下属家庭式的情感抚慰，从而赢得了员工的信任。

有研究表明，中国人的主流思维是感性的、体验的、直觉型的，如果他们感觉到企业不是真心地尊重自己，企业根本就无法获得他们的信任。如何获得员工信任？给人压力不如给人感动。人非草木，孰能无情。管理者在管理中若能关心员工，以员工为本，多点“人情味”，给予下属家庭式的情感抚慰，尽力解决员工日常生活中的实际困难，使员工真正感受到领导给予的温暖，更能够赢得员工的倾情奉献。

在美国旧金山一家医院的一间隔离病房外，一位步履生风、身体硬朗、声若洪钟的老人，正在死磨硬缠地要护士同意他探望一名因痢疾而住院治疗的女士。但是，护士却严守规章制度，毫不退让。那位护士怎么也不会想到，这个衣着朴素的老者，竟是通用汽车公司总裁，曾被公认为“世界最佳经营家”的世界企业巨子斯隆先生。

护士也根本不知道，斯隆先生探望的这位女士并不是他的家人，而是通用公司加利福尼亚州销售员哈桑的妻子。后来，哈桑知道了这件事，感激至极，他每天工作达十五六个小时，为的是以此来报答斯隆的家庭式的情感关怀。不仅如此，斯隆先生此举对通用公司加州的所有员工都是极大的激励，大家积极努力，加州的销售业绩一度在全美各地区评比中名列前茅。

斯隆先生的一个看似微不足道的做法，却使他的员工们感受到了无尽的关怀，让他们觉得自己不仅仅是通用的雇员，更是通用的家人，从而激发了他们工作的积极性。

如今，能否关爱员工已成为企业做大做强的一个重要指标。所谓关爱员工，就是除了让员工赚钱，使他们的生活有保障外，还要给员工营造充满友情和亲情的和谐氛围。只有这样，员工才会倾情奉献。只有企业有了家的温暖、爱的亲情，员工才会有归属感、稳定感与成就感，企业才会有凝聚力、向心力和竞争力。

给下属家庭式的情感抚慰，从本质上体现的是一种人文关怀和以人为本的理念，它要求管理者不仅关心员工的心灵和思想，还要关心员工的生活，就像父母关心自己的子女一样。这种家庭式的情感抚慰可以让员工认识到自己存在的价值，从而在内心深处认同企业。

给下属家庭式的情感抚慰，从形式来看属于感情投资。日本麦当劳社长藤田田说，感情投资在所有投资中，花费最少，回报率最高。感情投资花费不多，但换来的是员工积极性提高所带来的巨大创造力，是任何一种投资都无法比拟的。

企业可以管理一个员工是否按时、按质、按量地完成任务，但却无法管理一个员工对待工作的态度。真正高境界的管理，恰恰在于对员工内心世界的洞察与感知。给予下属家庭式的情感抚慰，真心尊重员工，员工才能全心地信任企业，因而愿意尽己所能，充分发挥自己的潜力。

那么，对于企业的管理者来说，如何才能做好亲情式管理，给予下属家庭式的情感抚慰呢?

首先，管理者要注重沟通，通过沟通，了解成员的所思所想、所需所求。在沟通时，管理者要善于营造一种"让人说话"的氛围，让沟通对象畅所欲言，真正把心里话说出来，只有这样，我们才能知道下属真正想要的是什么，才能有针对性地去满足他们。

其次，随时随地给予员工关怀。比如当员工生病过生日或取得了一定的成绩时，管理者都要及时给予其相应的抚慰，这些小细节都会让员工感受到被关怀、被尊重，员工对企业和管理者会越来越信任。

在我们这样一个重视人伦情理的国家，越是给予员工浓厚的人文关怀，越能使员工在工作时怀着一颗感恩的心，如此，在工作中自然也就以加倍的信任和热情来回馈企业。

第三节　付出——以无声的觉悟，求有声的事业

1. 机遇是人为的

机遇对于我们来说至关重要。它甚至可以改变一个人的命运。错过了一次机遇，也许你会后悔一辈子。俗话说"机不可失，时不再来"，就是在提醒我们一定要好好把握机遇。事实上对于人来说，机遇不仅具有公平性，而且具有人为性。什么是机遇的人为性？在人的一生中，每个人都会恰逢许多机遇。世界上各个学科、各个领域、各个行业的大门向

所有的人敞开着，只是看你具备不具备走进去的能力和胆量，而这全靠你的努力和付出。

机遇与把握机遇是完全不同的两个概念，机遇只是一个平台，它不能够主动作用于人，只有通过付出，机遇才能够成为现实，并且付出越多，机会越多。当你每多付出一点，就多了一次显示自己是否胜任和提升胜任力的机会。机会到来时，要有勇气拼，不畏付出才能抓住机遇。

哲学家有言，机遇只偏爱那种有准备的人。这“准备”绝非无所作为的守株待兔，而是在人生的道路上不懈奋斗、执着追求，以储备足够的人生经验、生存智慧、创新能力等。若是不懂得在奋斗中发现机遇、抓住机遇、创造机遇，即便机遇就在眼前、来到身边，也会视而不见、失之交臂。唯有历经艰辛和拼搏得来的机遇，才会倍加珍惜，激发潜能，进而赢得更多更大的机遇。

机遇具有人为性，它来自我们的每一次行动。工作中有没有机遇，能否得到机遇，关键看你是以何种态度和对待身边的机遇。亚历山大在攻城取得胜利后，有部将问他，是否等待时机，再去进攻下一个城市？亚历山大听后大发雷霆：“你认为机会会自己主动来找我们？机会是我们自己创造出来的！”

由此可见，用主动行动创造机会成就了亚历山大的伟大。只有善于创造机会的人，才能创造出轰轰烈烈的伟绩。钢铁大王安德鲁·卡内基曾说过：“机会是自己努力造成的，任何人都有机会，只是有些人善于创造机会罢了。”

在公司里，大家或许都认为李冉是一个运气特别好的人。因为

她学的专业在这个行业里并不占优势，相貌又很平常，能力似乎也一般。可只有李冉自己清楚，这些成功的机会是怎么得来的。刚进这家大公司的时候，她被分到行政部，做着一个并不起眼的小职员。李冉只是默默干活，不过偶尔露露峥嵘，比如，发现别人输错了数据，她悄悄地就修正了；领导让她做什么，她就做什么，而且总是在第一时间做到最好；此外，当别人在抱怨工作无趣、老板小气、地铁太挤时，她却在悄悄地熟悉公司的部门、产品和主要人物。

后来，市场部经理偶尔看到她处理一件小事情时表现出的得体和分寸感，就要她去顶他们部门的一个空缺。通过半年的默默努力，她的几份详细、准确的调查分析报告为她赢得了好评。

一年之后，她又被调到大客户部。一天，她去拜访某局长时，偶然打听到有一位局长第二天去某风景点开会的消息。李冉回公司后所做的第一件事情，就是查询他们在那里入住的酒店。第二天傍晚，一身旅行装束的李冉与局长们相遇在酒店大堂里，她恰好以前在这儿自助旅游过。很自然，她可以做一个很好的向导。几天下来，他们邀请李冉一起参加活动，唱歌、打牌、聚餐。在以后的工作中，认识她的人同她更加熟悉，不认识她的人也开始认识并接受她，于是她的客户名单上又增加了一些有实力的人。就在不久后，李冉完成的第一张大单子就与这些人有关。

关于机会，李冉最有感触：机会来的时候，并不会同你打招呼，告诉你我是机会，我来了，你快来招呼我吧。努力付出，做好每一件不起眼的小事，就是在为自己创造机会。

成功了的人，都是善于用行动创造机会的人。他们在有机会时抓住机会，没有机会时就去创造机会。机会是成功的跳板。很多人在对待机遇时，习惯了去等待，总期望着上级把机会送到自己眼前。但聪明的人更善于化被动为主动，没有机会他们就主动创造机会，从机会中打捞自己想要的“黄金”。这些人抓住机会的秘密就在于——付出。因为比别人付出了更多的努力，所以当机遇来临的时候，他们已经做好了把握住它的准备。

成功与否，有时候只相差一点点，当我们能坚持比别人多付出一点点时，说不定机会正悄悄地来到我们身边。

2. 在竞争中生存，在逆境中成长

在“弱肉强食”的动物世界里，狼族的竞争意识甚是强烈。狼不但要面对与其他动物种类之间的竞争，而且还要面对与别的狼群之间存在着的激烈竞争。通常在同一区域的所有狼群中，会有一个狼王，它具有统领这个区域所有狼的权力。每当需要集体围猎时，狼王就会用号叫召集所有的狼，狼群成员都要无条件地接受它的部署。当然，这个狼王的位置如此重要，是要经过各个狼群的首领（头狼）们竞争决定的。

在狼群内部，头狼并不是谁都可以胜任的。这个位置并不是按照年龄或者辈分去安排的，每只公狼都有竞争这个位置的资格，但是只有狼群中最强的狼才能得到这个位置。当一个狼群的后代们逐渐长大，它们就会觊觎首领的位置。虽然狼群的首领是它们的父亲，它们也毫不畏惧，因为狼群本身就是一个能者为王的世界。同时，在兄弟之间，狼群也会展开激烈的竞争。最后，最强大的公狼才能成为这个狼群的首领。在狼群之间还存在着另外一种竞争，那就是对领地的争夺。由于自然界的食物是有限的，狼群之间经常会出现为了争夺领地而大动干戈的场面。胜利的一方就是这片领地的主人，而失败的狼群则没有在这片领地上捕食的资格。

和狼的生存一样，竞争存在于我们生活的各个领域。那么，如何在竞争中生存下来呢？所谓“物竞天择，适者生存”，现在职场处于一个接近充分竞争的状态，以前我们还说三天不努力，人就会落后，但现在不一样了，基本上是一天不努力，你就会被人拉下来。那么，如何在激烈的竞争中胜出呢？要一马当先，唯有勤奋加汗水，最终才能脱颖而出。只要坚持“有作为才能有地位”的信念，在竞争中积极勤奋，因势利导，付出最终就有回报。

机遇总是青睐那些时刻准备竞争的人，同时机遇也常常伴随着风险。狼的危机意识强烈，时刻保持着竞争势态和战斗状态，时刻准备着应付危机。结果，它们处理危机、应付风险的能力非常强，经常可以化险为夷，战胜对手。对管理者而言，要有意识地培育员工们的竞争意识，督促他们抓紧时间广泛学习，增强实力，以竞争的心态时刻准备着接受各种挑战，成为像狼一样的强者。

职场中有竞争，同样也有挫折和逆境。一个人在职场中打拼不可能一帆风顺，事事遂心，谁都难免会遭受挫折与不幸，甚至失败，比如，你的想法得不到上司的支持，公司里其他人阻挠你的工作，当你试图主动提建议时总是遭到白眼等，这些都是每个在职场上奋斗的人都经历过的挫折，是很难避免的。

有的人心理素质较差，意志力不强，经不起一点点的失败，在工作时一遇到挫折，就会渐渐对自己失去信心，认为自己这也不行那也不行，即使有好机会使问题出现转机，也被这拉长的苦脸吓跑了。

检验一个人，最好是在他处于困境的时候。一般来说，当人们被迫面临逆境的时候，都会竭尽所能去解决自己面临的困难。当我们处于经济窘迫、事业惨淡、生活艰辛的境况时，通常也是我们成长最快的时候。这就如同在风平浪静的湖面上行船，舵手并不需要太多技巧与经验就能顺利航行，但是在波涛汹涌的大海上就不是这样了，唯有在波涛汹涌中，坐在船上的人们相顾失色且不知所措的时候，才能真正展现出身为一名优秀舵手的胆识与技能，这个时候也才是你最有本事的时候。所以说，困境不算什么，在挫折和失败面前，如果我们有狼一样永不言败的心态，就能在失败中踏出一条新路，就有希望摘取成功的桂冠。

伟大的发明家爱迪生说："伟大人物最明显的标志，就是他坚忍的意志和永不间歇的努力付出，不管环境如何恶劣，他的初衷与希望不会有丝毫的改变，最终克服阻力达到所企望的目标。"

美国心理学家威廉·詹姆斯说过一段段话："在失败了之后，我们不仅要重整旗鼓，而且还要做第三次、第四次、第五次、第六次甚至更多的努力。在每个人的体内都有巨大的储备力量，但除非你懂得并坚持下去，否则它毫无意义。"

许多人在职场中最初都能保持旺盛的斗志，在这个阶段普通人与杰出的人是没有多少差别的。然而往往到最后那一刻，顽强者与懈怠者便会一目了然：前者会咬牙坚持到胜利，后者则会丧失信心放弃努力，结局当然是大不相同。我国著名科学家钱学森院士说过："伟大工作的完成，要凭坚持不懈的精神。"工作干得是出色还是平庸，看的就是你能不能坚持，能不能付出。

3. 不经折腾不成栋梁

什么是人才？做得成事、吃得了亏、经得起折磨、担负得起责任的人就是人才！可见，要成为人才，能经得起折磨是必备的条件。一般来说，人在两种情境下最容易表现出反抗和抵触情绪，一种是面对不喜欢的人，另一种是身处不习惯的环境。但是人要在社会生存立足，就要与不同的人接触，无论对方是你喜欢的人还是你不喜欢的人；同样，要想获得成功，就要学会适应不同的环境，无论是顺境还是逆境。也许，与人相处和适应环境的过程并不总是顺利的，甚至是折磨人的。但是，只有经得起折磨，战胜折磨，你才能真正地成熟和成功。

受折磨的过程是成长的过程，同时也是考验一个人付出和坚持的时候。顺境和优越让人快乐得像个孩子，不知道什么是付出。只有受得住折磨时，我们才能真正领悟“付出就有回报”的含义。

白岩松毕业不久，就被邀请到中央电视台《东方时空》节目组担任主持人。不是科班出身的白岩松一下子被推到了幕前，压力大得可想而知。按照中央电视台当时的规定，主持人要是念错一个字就要罚款50元。白岩松因发音不标准经常被罚，最糟糕的一次是不仅工资被罚完了，白岩松还倒欠节目组的钱。

那段时间，白岩松的心情郁闷极了。但是，他并没有放弃，根据以往发音错误不断纠正自己的发音。为了让自己的发音更准确，他在嘴里含一颗石头，练习绕口令。就是经过这样炼狱般的煎熬，白岩松终于练成了一口标准的普通话。再加上他过人的才华和犀利的言辞，最终让他成为了家喻户晓的节目主持人。

与白岩松相反，在职场上，有一类人被称为“草莓族”。他们就像草莓一样，表面上看起来光鲜亮丽，但实际上却一点也经不起挤压。他们受不得一点批评和压力，哪怕是遭遇一个小小的否定，他们都会觉得委屈，甚至直接辞职走人。

单位新来了一位实习生。不久，领导让他做一个策划案。策划案做出来后，领导觉得有一些不足的地方，于是给这位实习生提了些建议。开始，这位实习生还听得比较认真，但当领导给他指出了四条意见之后，实习生的脸上明显挂不住了，直接和领导争辩起来：“我觉得我的思路没错，在学校里我做过类似的策划案，还得了一等奖。”实习生越说越激动，最后甩下了一句：“我想，我们的理念太不相同，我看我还去别的公司好了。”说完，实习生甩手而去。

在实际工作中，像这位实习生一样的员工越来越多。领导会接受这样不抗压的员工吗？当然不会。工作本身就是一个承受压力、承受问题并不断解决问题的过程，没有一个老板接受“草莓族”。对于一个员工来说，经不起工作压力的折磨，那么，他在事业上就永远不会取得较高的成就。即便他换过无数个岗位，如果只愿当“草莓族”，那他永远也成不了栋梁。

要想成为翩翩起舞的蝴蝶，就要忍受蚕蛹蜕变的疼痛；要想化做涅槃的凤凰，就要经历浴火重生的磨难；要想成为人才，就要经得起折腾。人才是折腾出来的。皇明太阳能集团董事长黄鸣说：“世界唯一不变的是变化。尤其是对于瞬息万变的市场，企业更是要不断地变化、不断地折腾来引领潮流。企业的折腾首先体现在对人才的折腾上，不仅是企业高层的自我折腾、主管的折腾，更是全员折腾，只有每个人都动起来，企业才有活力和动力，才能在折腾中永生。皇明集团能成为太阳能行业的黄埔军校，在世界太阳能热利用方面始终走在最前面，是不断折腾与自我折腾的结果。”

马云说：“创办一个伟大的公司，靠的不是领导者而是每一个员工。我不承诺你们一定能发财、升官，我只能说——你们将在这个公司遭受很多磨难，但经历这一切以后，你就会知道什么是成长，以及怎样才可以打造伟大、坚强、勇敢的公司。”管理者有一项很重要的责任就是让人成才，如何让人变成“人才”，很重要的一条途径就是折腾。那么，在工作中，管理者可以怎样“折腾”员工，使他们不断成长变成人才呢？我们可以借鉴黄鸣的方法。

超常承担重压。培养员工做事，不是他们能做什么、会做什么就安排他们什么，完成其能力之内的工作激发不出他们的潜能。超出他们的能力，设置一定的难度，对他们的心智和技能都有很强的挑战性。这样的折腾方式，要注重两个方面：一是立标准；二是有指点。没有高的标准、严的要求，员工上进就没有方向；同时在高标准下要有指点，使他们不断看到成功的希望。

晾晒式淘金。随着企业的发展，当一批骨干身上的缺点开始体现，诸如恃宠而骄、再提升吃力、被已有的经验所禁锢难以再有新突破时，我采取了晾晒式，给以虚职，找其他人顶替他的位置，在这种晾晒式的折腾中，有坐不住冷板凳的骨干如果忍受不住，辞职走人，我只能送上祝福，对剩下来经得住考验的骨干委以重任。

突袭见真功。企业慢慢规范后，我折腾他们的一个新方法，是突然袭击式。我有时‘考’下属，是在他们没有任何准备的情况下，问他们现在手里做的最重要的事情是什么，要求他们马上把所想的按重点、次重点一二三四列出来，我听他们分析。情急情况下的谈话相较于有准备的沟通，更能看到他们没想到的重要的事情，也能使他们检查自己没意识到的误区，这种谈话是很有效的。

小题大做。管理上我有时运用小题大做的管理方法。当员工成长到一定的程度，飘飘然，小事如果不重视，坚决要整治，这种折腾特别多。一件事情看起来并不是那么重要，老板拍案而起，原因很简单，跟他们发火是要他们防微杜渐，从细节抓起，深挖他们背后思想上的根。

第四节　欣赏——禅者眼中，万物皆美

1. 宁可不识字，不可不“识”人

人才在组织工作中的重要性不言而喻。无论干什么事业，人才都是成功的保障。每项工作的开展都离不开人的构思、人的调度、人的执行。企业要做大，就必须要重用人才。

要重用人才，最大程度获得人才是第一步。要最大程度获得人才，管理者就必须要学会欣赏别人。只有学会欣赏，我们才能善于从他人身上发掘值得欣赏的东西。伯乐以不同于他人的眼光，才寻找到了“千里马”；刘备“三顾茅庐”，就在于他深知诸葛亮当时虽为一介草民，却具有过人才智；龚自珍高歌“我劝天公重抖擞，不拘一格降人才”，也是源自他对不同才华、不同个性人才的欣赏。古代的明君广纳贤才，靠的就是“欣赏”二字，现在的企业也是如此。贤才若无人欣赏，那也只能是使其怀才不遇，造成人才的浪费而已。

欣赏是一个人生命中最重要的力量之一，也是一个团队凝聚力最重要的要素，管理者从内心深处所迸发出的、发自内心的对团队中每一个人的欣赏，可以凝聚成一个真正的百分百一心的团队。

每个管理者都希望自己的员工成为好员工。好员工是管出来的吗？如果是，为什么有的员工在这个管理者的手下表现一般，换到另外一个管理者手下就能够成为明星员工呢？答案只有一个，那就是好员工根本不是管出来的，而是赏识出来的。卡耐基说：“使人发挥最 大能力的方法，就是赞美和鼓励，也就是赏识。”

著名的绩效管理顾问艾伦曾为美国陆军部训练军官，谈起那次训练，她说了以下这个故事：

在上课的军官中，有位上校对于激励技巧的使用很不以为然。训练结束后，那位上校负责一份很重要的简报，因为他做得非常出色，将军非常想赞美他。于是，将军想了一个办法：他找来一张漂亮的图画纸，把它折成一张精美的卡片，在外边工工整整写上“太棒了！”三个大字，里边则写了很多鼓励的话。

当见到这个上校时，将军一边称赞，一边把那张卡片交给了他。上校把卡片拿在手中读了一遍，读完后僵直地站在原地愣了一会儿，然后头也不抬地快速走出了办公室。将军感到莫名其妙，一直在猜想是不是自己做错了什么。心中不安的将军尾随上校出来，结果，让他感到很开心的是，上校跑到每个办公室都转了一圈，并不断向别人炫耀那张将军授予的卡片。从此之后，这位上校也学会了对下属进行赏识，并且经常运用。

由此可见，管理者的赏识于员工是何等重要。被人赏识总是一件令人愉快的事情，人们都希望得到别人的赏识。如果管理者善于运用赏识来激励自己的员工，也许仅仅只需一句话，就可以赢得员工的心。一位著名的管理学家曾经说过：“每个人都渴望被人赏识，对于任何一个员工来说，赏识都是效果奇特的零成本激励法。”

赏识好用，但并不是每一个管理者都能用好。当你想要赏识员工的时候，你首先想到的是什么？是提拔、津贴，还是奖金？很多企业管理者认为这就是赏识。但在员工看来，却并不完全是这样。员工们需要的是意义——他们更愿意看到这些手段所应该表达的含义而不是让这些手段流于形式。因为这只会给下属一种没主见、随大溜、不真实的感觉，这样下去，赏识自然会失去作用。

因此，要使得赏识真正发挥作用，管理者就必须要掌握有效赏识的要素。按照《赏识管理》一书作者辛迪·温特莱斯的观点，要做到有效赏识，就必须确保你的赏识行为包含有效赏识的四个基本要素——赞扬、感谢、机会、尊敬中的至少一个。

①赞扬——赞扬要真诚，真实的赞扬要比虚假的赞美有效得多。如果一个管理者根本不了解员工的实际情况，就说一些公式化的赞美语言，并不能对员工起到激励作用。赞扬就要显示被赞美者具体的价值，这样才能让下属感觉到领导真正了解自己。另外，赞扬要及时，不要等到年终总结回顾时才来赞扬。及时地赞美、给员工反馈，更能激起员工的热情。如果反馈不及时，随着时间的推移，员工的热情已经淡化，这时的赞美就起不到太大的作用了。

②感谢——感谢是有效赏识的一种表达方式。作为管理者，应该常怀感恩之心，即使员工只是完成了分内事，也要真诚地表达自己的谢意。要知道，每个员工都会对真心的感谢做出积极的回应。

③机会——机会是有效赏识的一个重要的因素。给自己的下属一些新机会，给他们的工作更大的自由度和控制权，这会让下属感觉到你对他们的信任，这些源于机会的赏识会使下属更愿意为团队的成功尽心尽力。

④尊重——如果上司在做决策的时候能够考虑到员工的需求，听听员工的想法，那上司其实就是对员工价值的认可和赏识。

员工们渴望得到赏识，如果管理者没有赏识自己，大部分员工就会觉得是公司没有重视自己。因此，管理者要以赏识的眼光来看自己的员工，做到“容人之过，用人之长，记人之功，委之以任，待之以礼，施之以惠”。这样不仅能够激发员工的积极性，还能够通过自己的言传身教，使公司的每一个成员都能够学会赏识，从而使公司内部形成宽容、和谐、协同的人际关系。

2. 龟兔赛跑，小故事大道理

有一天，兔子和乌龟赛跑，它们俩比赛看谁先到终点。兔子跑得比乌龟快得多。兔子跑在半路上时，回头一看，乌龟才爬了几米，心想乌龟那么慢是不可能追上的，于是就在石头上睡觉了。乌龟虽然爬得慢，但它中途也不休息，就一直向前爬，最后终于到达终点，取得了胜利。兔子醒来后，回头一看，乌龟没影了，以为乌龟正在上坡中，于是赶紧跑到终点，不禁大吃一惊，乌龟胜利了。

龟兔赛跑这个故事告诉我们：虚心使人进步，骄傲使人落后。

领导不能骄傲，不能高高在上。管理者最容易犯的错误就是自以为是，不能虚心听取不同意见，尤其是不能虚心听取下属的不同意见。仔细分析我们还会发现，管理者不能做到不耻下问的原因有两方面：一方面他本身知识不够，不知道自己无知，以为自己什么都行；另一方面他越是知道自己的无知，就越没有勇气做到不耻下问，因为他担心自己的不耻下问会让别人更加觉得他无知。

中国古代大教育家孔子在《论语·公冶长》中写道："敏而好学，不耻下问，是以谓之文也。"不耻下问是孔子为学为人的良好品德。他这种不以向地位比自己低、知识比自己少的人请教为耻的品德，在今天仍是非常可贵的，尤其是领导放下身段到员工中去不耻下问，应该说是领导干部的一门必修课。

作为一个成熟的职业管理者，是否具备"不耻下问"的素质，非常重要。"不耻下问"强调的是学习的心态，姿态要低。不管你现在已经是多么有学问的管理者，你都要有迅速学习、接受新知识、新理念、新方法、新思维的能力。不管你现在的管理职务有多高，你都要始终抱有一颗向他人学习的谦虚之心。正如苏格拉底的名言所说，"我知道自己几乎一无所知"。越是有知识的人越知道自己的无知。

爱因斯坦形象地描绘出了有知与无知的关系。他说，让我们来画一个圈，一个人所知道的东西好比是圈子的里面，一个人所不知的东西好比是圈子的外面。一个人知道的东西越多，这个圈子就越大，同时这个圈子的外面也就越大。也就是说，一个人知道得越多，他所不知的东西也就越多。

那么如何来填补我们的无知？身为领导干部不妨多不耻下问，要知道群众中间蕴藏着巨大的智慧和创造力。伟大领袖毛主席曾说："没有满腔的热忱，没有眼睛向下的决心，没有求知的渴望，没有放下臭架子、甘当小学生的精神，是一定不能做，也一定做不好的。"他还认为，只有先做好群众的学生，才能做好群众的先生。现如今，有些领导干部"上问"得多，喜欢向上级多请示、勤汇报，而不耻下问的却很少。他们以为不耻下问会丢掉身份，失去身价。他们在与老百姓打交道时摆出一副盛气凌人、唯我独尊的姿态，把自己当作孔明，把群众当作阿斗。殊不知，真正的孔明是在群众中间。

管理者如何才能做到不耻下问呢？首先，要有不耻下问的勇气。有句成语说："问是一时之耻，不问是一世之耻。"也就是说，当我们自己不懂，或是以前没有学好而去问别人的时候，确实会有一种羞耻之心，这是正常的，但是这要比那些明知不会却不问的人强得多。因为不懂而向别人请教，羞耻只是一时的。你问了之后，明白了，你以后就不会再次蒙羞了。相反地，你若明明不懂，也不向人请教，那么你一辈子都会因为不明白这个问题而蒙羞。所以，管理者要养成不耻下问的职业素养，不但需要虚心，还需要勇气。

其次，要在思想上重视员工。每位员工都有自己的思想，都有独立的个性和渴望得到别人尊重的需求，都希望自己的意见被采纳，但有些管理者却盛气凌人、目空一切，他们不尊重员工的意见，从思想上漠视员工，结果导致员工的反感和不配合，使其管理失灵。

最后，学会欣赏，多看别人的优点和长处。不要老是认为自己比别人高明多少。事实上比你高明的人有很多，你要放下管理者的“架子”，把自己的言行举止融于常人当中，并始终把自己看作是团队中普通一员，永远与下属保持良好的沟通。放低姿态等于抬高自己的身价，人无完人，每个人都有不足和错识，不要老盯着下属的缺点和短处，要多看他们的优点和长处，多肯定和包容他们。

稻盛和夫说：“我认为非常重要的一点就是，你必须以员工为师，将向他们虚心学习请教的姿态贯彻始终。如果你能够始终保持虚心向员工学习，以比下属更加勤奋的姿态工作，公司员工自然就会开始对你产生尊重。总而言之，如果你不能通过自身的品性，以及对工作全力以赴的勤奋态度让公司员工感到‘我们的领导非常不错’并为此折服的话，你就不足以成为一名真正的领导者。”

第五节　共赢——协同分享合力升

1. 天堂地狱启示录

一位基督徒，临终后想看看天堂与地狱究竟有何差异。于是天使就先带他到地狱去参观。到了地狱，在他们面前出现一张很大的餐桌，桌上摆满了丰盛的佳肴。用餐的时间到了，只见一群骨瘦如柴的饿鬼鱼贯地入座。每个人手上拿着一双长十几尺的筷子。可是由于筷子实在是太长了，最后每个人都夹得到却吃不到。接着天使又带他到天堂看看。到了天堂，同样的满桌佳肴，每个人同样用一双长十几尺的长筷子。不同的是，他们喂对面的人吃菜，而对方也喂他们吃，每个人都吃得很愉快。

天堂和地狱其实就是一念之差。天堂的人之所以快乐，是因为他们能够互相合作。其实，天堂和地狱并无太大差异，同样的餐桌、佳肴、筷子，不一样的是地狱的人给自己夹，天堂的人给对方夹。因为筷子太长了，送食物进自己嘴里很难做到，而互喂对方却很容易，所以结果迥异。

这个故事告诉我们，在工作中要注重合作，每个人都应该自愿自主地和对方合作，而不是互相等待对方先行动，或是发牢骚，不闻不问。其实，合作好比接力赛跑，递和接是同时发生的，如果一方动作慢了，比赛就难以取得胜利。如果对方不行动，那你的工作是不是也给耽误了？所以，在这种情况下，作为参与者的你也应该主动询问对方原因，而不是发牢骚，不闻不问。

事实上，在商业竞争中，单打独斗的时代确实已经过去。诺贝尔奖设立的前25年，合作获奖的只有41%，现在合作获奖的已占到80%。“飞人”迈克尔·乔丹率领公牛队获得6次NBA（美国职业篮球联盟）总冠军的奇迹，也是要靠团队才能创造的。在国内，IT（信息技术）巨头联想集团为了应对强大的国际竞争对手，提出要打造一支如狼似虎的团队，简称“打造虎狼之师”，这其中的团队管理的精髓也让我们研究团队管理的人士一心向往。

俗话说，“一个和尚挑水喝，两个和尚抬水喝，三个和尚没水喝”；“一只蚂蚁来搬米，搬来搬去搬不起，两只蚂蚁来搬米，身体晃来又晃去，三只蚂蚁来搬米，轻轻抬着进洞里”。上面这两种说法有截然不同的结果。“三个和尚”是一个团体，他们没水喝是因为互相推诿、不进行协作；“三只蚂蚁来搬米”之所以能“轻轻抬着进洞里”，正是团结协作的结果。

团队精神所具有的力量无处不在，一个家庭、一个企业、一个组织、一个国家……每件事情，从大到小，都需要大家齐心协力，发挥出自己的特长，把自己的那份工作做好。一个企业，如果能让所有员工上下一心，那么这个企业一定能够在某一领域独占鳌头，并且不断做大做强。由此可见，团队精神之于个人、集体都是非常重要的。团队合作往往能激发出团体不可思议的潜力，集体协作干出的成果必定大于成员个人业绩的总和。正所谓“同心山成玉，协力土变金”。

而一个团体，如果组织涣散，人心浮动，人人各行其是，甚至搞“窝里斗”，何来生机与活力？干事创业又从何谈起？在一个缺乏凝聚力的环境里，个人再有雄心壮志，再有聪明才智，也不可能得到充分发挥。只有懂得团结协作，克服重重困难，才能创造奇迹。

成功的企业不是单独一个人所能创造的，因为个人的力量是有限的，即使创造出的成功可能只是短暂的。只有团队的力量是无穷尽的、可持续发展的。在专业化分工越来越细致、竞争日益激烈的今天，靠一个人的力量是无法面对千头万绪的工作的。个人只有依靠团队成员的支持与帮助，与团队一起成长，才能形成一股强劲的力量，才能很好地完成工作。

每一个团队成员都要深刻地认识到，一个人虽然可以凭着自己的能力取得一定的成就，可是如果把自己的能力与别人的能力结合起来，就会取得更大的成就。一个哲人曾说过：“你手上有一个苹果，我手上也有一个苹果，两个苹果加起来还是苹果。如果你有一种能力，我也有一种能力，两种能力加起来就不再是一种能力了。”

美国微软公司让数以百计的雇员成了百万富翁，可是很少人知道，他们中的许多人在致富以后，却继续留在微软公司工作。这是因为只有在微软公司这个团队中，他们才能变得如此强大。微软人都恪守这样一句名言：没有永远的领导与员工。领导与员工在一起，不仅是在工作，更是在一起分享成功与失败、快乐与悲伤。这使得微软人的团队意识非常强：大家互相学习，互相支持和奉献，遇到困难互相鼓励，及时沟通，并感谢团队成员的工作和帮助。这种具有团结协作意识的高素质的团队，形成了积极向上的士气，这种士气使得微软人在面对一切挫折时都勇于抗争，势不可当。

现代社会并不缺少有能力的人，但每个企业真正需要的是既有能力又富有团队精神的人。在工作中，我们每个人为了实现人生的价值，都必须通过团队才能得以完成。而企业目标的实现也需要团队的力量来完成。总之，企业之所以能够成为真正的赢家，就是因为有一支最不可战胜的团队。

2. 只有合作才有机会与巨大力量作挑战

麦当劳快餐连锁店的创始人雷·克罗克曾说过："一个团队的力量永远大于一个人的力量。"这就是著名的团结定律，也被称为："一加一大于二定律"。意思是说，团队之间如果能用合作来代替各自为战，那么，这个团队的力量就会远远地超过各自的力量。

一加一大于二定律，在狼族身上体现得最为彻底。可以说，狼是一种极讲求团队合作、极善于协同作战的动物。它们的集体意识与协作精神远远胜过一切动物和人类。常言道"恶虎难敌群狼""群狼能败狮"，足可见，狼族群体作战具有何等的威力。自然界的许多动物，包括人类在内，一旦触怒了狼，或是被狼群锁定为目标，那后果是相当可怕的，最终的胜利者大多是狼。

有人类探险者曾记录了这样一幕：

在非洲大草原，一群饥饿的狼尾行在一群数目庞大的野牛群后已经有好几天了，但它们却无从下口。因为双方力量悬殊实在太大了。野牛太强大了，一连几天，狼群没有采取任何行动。凶猛的野牛根本不把这些狼放在眼里，野牛群继续警惕而悠闲地漫步在草场上。烈日下的狼三三两两，显得疲惫不堪。但随后发生的事情让所有人类探险者大为震惊。

野牛群继续悠闲地漫步，狼群此时却开始了早已策划好的行动。随着头狼的长嗥，一时间，所有的狼突然间恢复了生气，狼群合成若干个小队快跑起来，等到野牛群发觉，狼的屠杀行动已经开始了。

只见几头凶悍的狼疯狂地冲向母牛与小牛聚集的中心区域，惊慌的牛群瞬时炸窝，四散奔逃。几组狼此时开始了正式的分工任务，有的从侧面聚拢那些企图突围的小股牛群；有的左右迂回，不断地让小牛群更加惊恐；有的挑逗着急红了眼的公牛，让一些强壮的公牛渐渐脱离了大部队。渐渐地，被锁定为目标的老幼病牛被有意驱赶到了一个高地，喘息未定的牛群此时才发觉，它们已经进入了早已精心设计的狼族陷阱之中，严阵以待、潜伏已久的狼族迅速合围，屠杀就这样很快结束了。

和庞大的野牛群相比，狼群是非常弱小的，但胜利的却是狼，是团队合作成就了狼。狼的团队合作精神非常值得我们学习，尤其是分工越来越细化的今天，一个崇尚合作的团队，是企业取得成功的保障。企业内有合作才有凝聚力，没有凝聚力的企业就如一盘散沙，难有作为，整个企业也将人心涣散，难以为继。

俗话说："一根筷子轻轻被折断，十根筷子牢牢抱成团。"一个团队内，只有上下万众一心，真心凝聚在一起，群策群力，才能够形成强大的战斗力，才能攻无不克，战无不胜。古人有"师克在和，不在众"的说法，引申到管理中，即强调凝聚在一起，就能形成"1+1>2"的强大力量，从而战胜强敌，取得胜利。

当新闻记者采访杰克·韦尔奇时，他说了这样一句话："我的成功，10%是靠我个人旺盛无比的进取心，而90%全仗着我拥有的那支强有力的团队。"曾任微软公司副总裁的李开复博士也说过："团队精神是微软用人的最基本原则。像Windows 2000（微软视窗操作系统2000）这种产品的研发，微软公司有超过3000名开发工程师和测试人员参与，写出5000万行代码。如果没有高度统一的团队合作精神，这项浩大的工程根本不可能完成。"

现任志造传奇总经理、总教练王绪林说："同心山成玉，协力土变金。狼生存的100万年间遭遇无数次人类的猎捕及其他动物的攻击，但仍顽强生存，原因就是狼群有凝聚力。尤其是当遇到比自己强大的动物时，狼一般都会采取群攻战术，懂得协同作战。海尔集团的董事局主席张瑞敏就曾在读过《狼图腾》后说狼在战斗中的团队精神，协同作战，甚至不惜为胜利粉身碎骨的精神最值得称道，并认为商场上这种对手是最恐怖的，也是最具杀伤力的。其实，海尔这一团队的战斗力本身也正是来自强大的组织凝聚力。"

所以说，能够改变企业命运的，不是个人，而是团队。打造团队凝聚力是提升企业软实力、提升企业核心竞争力的关键之一。有凝聚力的团队才能具备战斗力，才能无往不利。

3. 让员工把公司当成家

高明的管理者总会想尽办法在企业营造家的氛围，让员工在企业里也能感受到家一样的温暖和关爱。因为他们知道这种气氛不仅有利于提高员工的工作积极性和创造性，还能为企业带来很多利益。让员工把公司当成家，说起来简单，但做起来并不简单，如何做到这一点？我们不妨向海底捞学学。

张勇说：“火锅是低技术含量的行业，技能的学习不难，难的是怎样让员工愿意干、用心干。”这可是古今中外管理学中的最为棘手的一个问题。在张勇看来，人心都是肉长的，你对他好，他才有可能对你好。要想办法让员工把公司当成自己的家，只有这样，员工才能把心放在顾客身上。

如何让员工把公司当成家？张勇的答案是：把员工当成家里人，爱护员工，关心员工。中国绝大多数餐馆的员工住的是地下室，领导住豪宅，最起码是楼上。但在海底捞不是这样。员工住的都是正规住宅，每人不小于6平方米，里面有空调、暖气，可免费上网，电视、电话俱全。不仅如此，为了保证员工有尽可能多的睡眠，员工住的宿舍安排都是步行20分钟之内就可以赶到其工作地点。不仅如此，海底捞还有专人给员工宿舍打扫卫生，换洗被单。海底捞员工对自己的穿着很自豪，他们的脚下是名牌运动鞋，他们的衣服质地优良。张勇知道，服务员的工作相当辛苦，脚特别累，需要的正是一双好鞋。

让员工把公司当家不是喊口号喊出来的，也不是教育出来的，而是实实在在做出来的。海底捞对员工的培训，不仅限于工作，还包括怎么用冲水马桶、怎么坐地铁等生活细节。因为张勇知道，对于刚从农村来到城市的人而言，这些知识都是需要掌握的，不系统性地教给他们，他们在城市里生活就会遇到困难。

张勇在老家建了一所寄宿学校，专门接纳其员工子弟，这为员工真正解决了后顾之忧。不仅如此，海底捞还给均在海底捞工作的夫妻提供由公司补贴的夫妻房，对于年轻人来说，这实实在在地帮他们解决了夫妇分居问题，确实是一招凝聚人心的妙棋。

海底捞的员工大多来自农村，春节对于这些员工来说比任何节日都重要，因为他们要回家与家人团聚。可是中国春节法定的带薪年假只有3天。张勇说，如果这些农民工兄弟是你的家人，你会忍心只给他们3天的假吗？所以，海底捞员工的春节带薪年假就是7天。

所有这些，都需要钱。但是张勇坚持这样做，因为他知道，海底捞的每个员工，都是他的兄弟姐妹，都需要他用心关照——这是必需的付出。张勇的真情付出，收获的是员工的真情回报。上至高管，下至保洁员，很多人都把海底捞看成是自己的“第二个家”。

海底捞如此成功，其员工自然成为猎头公司的目标。有趣的是，海底捞的员工流失数量并不多。为什么？其原因，我们从其公司副总杨小丽的身上可见一斑。很多猎头公司挖她，年薪百万，股份、分红另说，但她不为所动，她说：“不是钱多钱少的问题，我离开海底捞什么都不是，我是在给自己家干活。”

公司能不能经营得好，看的是员工有没有齐心协力，是不是一条心。把员工变成家人，让所有员工都把公司当成第二个家，那么，企业中很多问题便可以迎刃而解，因为天底下只有一家人才是一条心。

要让员工把公司当成家，我们就要学习海底捞对员工的关心和爱护，要像他们一样善待员工，把员工当成孩子一样去爱，如此，员工必会报以感激之情，把公司当成家，进而把工作激情和聪明才智全部倾注在所从事的事业上，尽最大努力为企业创造效益。

第四章

打造团队智慧“心动”哲学

第一节 阳光激情——打通任督二脉

1. 冲破玻璃屋顶

跳蚤是世界上和其身高相比跳得最高的生物。根据科学测量，跳蚤跳的高度一般达到它身高的400倍。跳蚤生性爱跳，或许这就是它能跳那么高的原因。

曾经有位心理学家做了一个试验，把一只跳蚤放在一个实验用的大量杯里，跳蚤很容易地从杯子里跳了出来，再重复一遍，还是一样。如此重复着过了几天，实验人员在杯子上加盖了一个可以上下活动的透明玻璃板，跳蚤像往常一样跃身跳起，一跳起就撞到了玻璃板，发出清脆的撞击声。刚开始，跳蚤仍坚持不停地蹦跳，每次跳起都撞到玻璃板，经过若干次的反复跳、撞之后，听不到撞击声了。实验人员发现这只跳蚤竟然降低了跳跃的高度，在玻璃板下方几厘米处悠闲、自由地上下跳跃着。

跳蚤在这个高度来回跳跃了几天之后，实验人员将玻璃板往下移几厘米，跳蚤又与上一次一样，刚一跃起，便撞到了玻璃板，发出清脆的撞击声，如此来回蹦跳了几次，只听到“砰、砰、砰……”的声音，过了一段时间，却听不到撞击声了。试验人员发现，跳蚤竟然又降低了跳跃的高度，它又在玻璃板下方几厘米处悠闲、自由地上下跳动着。

于是，实验人员又将玻璃板继续往下移几厘米，而跳蚤为避免撞击玻璃板，又继续降低跳跃的高度。经过一段时间的重复试验，实验人员最后将玻璃板压到几近杯底。这时发现，这只跳蚤不再急速地跳动了，而是在量杯底部缓慢地爬行着。这种状况持续了一段时间，有一天实验人员拿掉了量杯上的玻璃板，可是，这只跳蚤依然在杯底爬行着，它再也无法上下轻快地蹦跳了。

实验仍在继续：实验人员在量杯的下面放了一个酒精灯并点上火。很快量杯底部烧热了，跳蚤发挥自然求生的本能，猛得往上一跃，终于跳出了量杯。

跳蚤原本是个跳高冠军，可是在一次又一次地挫折和失败的打击下，它自觉地沦落为一只小爬虫。那块阻止其往上跳跃的玻璃板，不仅是一块物理屏障，更是一块阻碍其再度向上发展的心理屏障。其实，我们每一个人都曾有过美丽的梦想、高远的志向和远大的抱负，都有过往上冲、向上跳，实现人生目标的强烈欲望。但是大多数人都随着经历的挫折、失败的次数不断增多，心头压上了那块看不见、摸不着的“玻璃板”，就会自觉或不自觉地将人生目标一次次降低，将远大的抱负一次次缩小，最终不敢做梦，也不愿做梦了，就像那只小跳蚤似的，不思进取，不求突破，怡然自得地生活在杯底，还自认为这样才是现实的、安全的、稳妥的。

如何冲破玻璃屋顶，重新激发人们积极向上的斗志和无尽的潜能呢？最有效的办法就是，在人们脚下点燃一把熊熊大火。这样的作用有两点：一是通过外在刺激，把人们逼迫到严酷危险、有生命之忧的情境中，使休眠的潜能自然崩发出来，如同在跳蚤脚下点燃的火苗，如果它不跳起，就将面临死亡；二是燃烧起人们心中的激情，让人们重塑自信心，重新认识自我、肯定自我，增强内驱力和内动力，通过自我激励，最终迸发出一股向上的冲力。

亚洲首富李嘉诚说过：“激情是扬起船帆的风，没有风，船就不能行驶。激情是工作的动力，没有动力，工作就难有突破。激情能够创造不烦的业绩，缺乏业绩，疲沓涣散，人就会一事无成。”可以说，激情是工作中创造业绩的源泉，激情是危机中主导命运的良方，任何人、任何团队都不能缺少激情。然而，当企业员工面临着各种困惑或者困难时，尤其是当一个个挫折、失败袭来，员工又一次次解决无效时，便会导致他们失去工作的激情。没有了激情，便没有了推动事业向前发展的动力，这可能使企业整体竞争力遭遇瓶颈，无法突破。在这种情况下，管理者如何才能点燃每个人的激情，营造一个积极向上的团队氛围，从而激发每个人用快乐、热情的状态去工作呢？

首先，要消除下属们的恐惧心理，让他们真正感受到危险并不总是存在，即便存在，通过条件或环境的改变，还是能够消除危险的。对于企业管理者来说，想要消除员工害怕失败的恐惧心理，就要付出真诚和爱心，给予员工足够的关怀和指导，对他们哪怕是一点点小小的成绩，也要加以表扬、肯定和赞美。同时营造出一种容人文化，便会消弭掉在他们脑海中的失败阴影，从而增强他们战胜失败的勇气和信心，使他们思想更活跃、行动更积极、创新和发展意识更强，从而使组织内部焕发出勃勃生机和活力。

其次，管理者要当好激情的传递者。激情是成功的助燃剂，激情也是聚集人心的重要手段。真正有激情的领导者，不仅自己要有激情，还能去感染别人，让周围的人都充满激情地投入工作。著名企管专家谭小芳老师说：“优秀的公司领导人有一个共同的特点——对工作充满无与伦比的激情，并能把这种激情传递给自己的企业、自己的团队，让激情成为员工内心熊熊燃烧的烈火，激励着员工为共同的梦想努力奋斗。这是他们成功的秘密武器之一，也是他们卓越领导才能的重要组成部分。”缺乏激情的员工是领导者的梦魇，因为一支死气沉沉的团队必定无法成就卓越，只有饱含激情的团队才能够创造奇迹。传递激情，成就梦想！让激情在团队内扩散、流淌、传递、飞扬，是一个领导者的职责，也是领导者成功的秘诀。所以一名出色的管理人必须懂得如何激发员工的工作激情。

最后是团队激励。美国哈佛大学教授威廉·詹姆斯研究发现，在缺乏科学、有效激励的情况下，人的潜能只能发挥出不到 30%，科学有效的激励机制能够让员工唤醒激情，把另外 70% 的潜能也发挥出来。所以团队能否建立起系统、完善、多角度的激励机制，将直接影响到其生存与发展。激励机制是打造优秀稳定团队的利器。

2. 营造果断的团队

管理者必须有处事果断、风格鲜明、绝不拖泥带水的素质。决策果断是个人心理的优良素质，它影响到事业的成败。缺乏果断品质的人，在做决定时往往犹豫不决，而在做出决定之后又不能坚决执行。缺乏果敢和机动灵活应变能力的人，只能错失良机。作为一名管理者，最重要的就是绝不能优柔寡断，在关键时刻能够大刀阔斧地实施自己的战略决策。优柔寡断的管理者是不会被大家信服、深得人心的。

企业在谋求生存和发展的过程中，管理者的果断心态尤为重要。只有拥有强大的精神力量，在危机面前，才不会惊慌失措。没有果断心态，在机会到来的时候，便不知道怎么去把握，很容易错失良机。在工作中的果断体现在对制度的熟悉，对原则的坚持，对责任的分析和承担，对不合理现象的明确和批评。尤其是在关键时刻，作为直接面对员工、外界甚至危机的责任人和处理者，必须具备勇敢、沉着、果断的作风，这样才能给内部因素和外界环境一个赏罚分明、有章有度、责任明确的形象。

作为一名备受尊敬的管理者，果断意味着自信，意味着能够及时准确地做出决定。而自信和快速行动又能给团队带来信任。因此，培养果断的素质对管理者来说是相当重要的。很多企业管理者在工作中遇到难题时，不论是否可以解决，总是左顾右盼、犹豫不决，只等上级给予指示，这样不仅会影响领导形象，而且通常会贻误时机。

因此，管理者在工作中要防止两种倾向：一种是情况明了，却不敢拍板。其原因有三：一是心理素质欠佳，缺乏魄力，缺乏决断力，办事优柔寡断；二是私心重，怕负责任，怕担风险；三是有依赖思想，缺乏工作主动性。另一种是情况不明，乱拍板。有些领导点子不多，胆子大，主观武断，草率行事，鲁莽蛮干，有可能给工作带来巨大损失。

企业管理者要做到既要敢于拍板，又要善于拍板，善于比较分析，科学论证，以利于做出正确的决定。此外，管理者要培养自己的果断力，打造一个充满果断、自信氛围的团队，还可以通过以下几个方法来达成。

（1）找出优先要做的事项

你做的决定所能影响的五个首要方面是什么？权衡这些问题以做出“正确”的决定。职业生涯管理公司重点合作伙伴的执行合伙人伊莱恩·薇偌拉斯说：“它们也许会是对短期财务的影响，对长期财务的影响，对人的影响，对经济增长的影响，以及对文化的影响。权衡上述各领域的利弊，然后，排除相对不重要的因素。最终是你优先要做的事项。”

（2）提出更聪明的问题

当你没有足够的信息时，你就会感到举棋不定。因此，要在提出正确的问题方面做到更好，猎头公司温特维曼公司首席执行官鲍勃·布德罗这样说：“引起话题并充当对话的催化剂是管理者们的工作。询问逆势的问题，成为一名故意唱反调的人——把你的工作团队推进一个具有挑衅性的制定决策的过程中去。在其中，尖锐的问题会得到解决，有创意的想法会得以被深入思考。”

（3）制定出决策的最后期限

如果你是老板，你一定要制定出决策的最后期限，不要让决策被无限期拖延。“让你的工作团队以及至少一位心腹或指导者知道时间限制，以便能够让你对决策时间负责。如果你特别不愿意承担风险，就请你的心腹或指导者在你滞留了决策过程的时候向你提出质疑和说明。”Steinbrecher and Associates（斯坦布莱施尔及同伴）企业培训公司首席执行官苏珊·斯坦布莱施尔建议。

（4）杜绝造成混乱的会议

会议能够有助于获取信息，但很多会议只会让你回避做出选择。另外，毫无意义的会议浪费的不仅是你的宝贵时间，而且也是整个团队的。“有时候，你只需要选择一个方向开始前进。你可以随时在中途改变航向。”IDG（数字设备公司）前任技术总监劳伦斯·莱昂斯说。

要做到果断，管理者在碰到困难时还要不被整个团队的沮丧气氛所左右，先要坚持住，再去想办法。德国军事理论家克劳塞维茨说：“将领要用内心的理性光芒照亮混沌的局势并带领队伍走向前方。”成就一番事业的过程都会碰到艰难困苦，没有一帆风顺的事业，也没有一帆风顺的人生，所以一定要坚定信心，不要犹豫，要果断地做出判断并采取有效的行动。

如果一贯地执行这些策略，随着时间的推移，你就将会成为一名更有能力的决策制定者和管理者。管理专家约翰·布德罗说：“人们可能不会总是同意你的决定，但如果你的做法正确，他们就会相信你已经考虑了所有的信息，听取了不同的观点，寻求了能获得重点需要考虑的问题的反馈信息，充分了解了各方面信息，并最终制定了一个对公司整体及员工个人最好的决定。”

3. 别让"坏人"影响气氛

对于管理者来说，打造一支充满激情的阳光团队，是所有管理者的梦想。如果团队中所有人都能以阳光的心态充满激情地工作，可想而知这个团队会有多高效。但打造一支充满激情的阳光团队并不是一件轻松、容易的事情，因为在团队建设过程中，难免会有"坏人"进来搅局，他们的"破坏力"可是巨大的。

管理学中，有一个酒与污水定律，意思是把一勺酒倒进一桶污水，得到的是一桶污水；把一勺污水倒进一桶酒里，得到的还是一桶污水。显而易见，污水和酒的比例并不能决定这桶东西的性质，真正起决定作用的就是那一勺污水。只要有它，再多的酒都成了污水。一个部门，只要进来一名"坏人"，很快就会成为一盘散沙。

一位老员工上班经常迟到，尽管每次迟到的时间都不算太长，并且这位老员工做事也不认真，常常在工作中出现不该出现的错误。开始，碍于面子，部门经理常常只是给这个人一些暗示，希望他改正一下自己的坏习惯，但一直却没起什么作用，老员工迟到和做事不认真的坏习惯依旧不改。

后来，老板得知了这一情况，他提醒这个部门经理："你必须要找他认真谈谈，也许还要给他严厉的批评。如果在谈话之后，他还是不知悔改，我劝你立马换人。"部门经理按老板的指示找到这个员工谈话。但是真正到了谈话的时候，经理又开始不好意思了，绕来绕去讲了一大篇，就是没有开口说出批评这个员工的话。因为大家在私下都是好朋友，经理实在不愿意“伤别人的心”。时间一长，部门其他人也开始对这个人做的事情习以为常，甚至很多员工也开始纷纷效仿这个老员工的做法，这个部门的员工就越来越难管理了。

这位老员工，不管他以前如何，至少现在的表现已经成了企业的“坏人”，成了员工负面情绪的导火线。如果老板不明察、不控制，企业将人心涣散。

团队往往又是非常脆弱的，因为它的高效运转，需要每个同事的相互理解、关照和容忍，所以它很容易被侵害与毒化。就像人体的健康需要每个部位的密切配合，一旦患上感冒，马上就会百病丛生，这个人就会丧失活力，每天不是打喷嚏就是流鼻涕，完全没有精神了。破坏总比建设容易，这是团队不能容忍“坏人”的另一个重要原因。

有一个很精彩的论述：“一个能工巧匠花费时日精心制作的陶瓷器，一头驴子只需要一秒钟就能把它毁坏掉，让它从完美的成果变成一堆什么都不是的破烂。在这种情况下，你拥有再多的能工巧匠，也不会有多少像样的工作成果。如果你的团队存在这样一头调皮捣蛋的驴子，你应该马上把它清除掉；如果你无力这样做，那么就应该把它拴起来，任何时候都不能把它放出来危害团队。”这就是告诫管理者，如果你的团队中有这样一头驴子，你要么把它驱逐，要么让它老老实实地拉磨。

归根结底，一个企业能不能发现并及时驱逐“坏人”或不良员工，也是能不能留住员工的关键因素之一。你如果想让大多数员工工作得开心、长久，就要不断清除“坏人”，让那些老老实实、诚实正直的员工有安全感和公平感，这样，你的企业才能留得住人，也会招得进人。所以，对企业的“坏人”千万不可手软。因为你对一个“坏人”的纵容，就是对广大好员工的不公平。

一个“坏人”的不良行为，会像病毒一样四处传播，最终会带坏同事或破坏一个好团队。所以团队应该立即采取措施杜绝此类事情发生。华盛顿大学的研究人员在《组织行为学研究》中指出的：消极行为的影响力比积极行为大，一个坏苹果会毁掉整桶苹果。所以，在一颗老鼠屎坏了一锅粥之前，团队的主管必须及时地处理表现不佳的员工。如果这种人没有受到任何惩罚，将会促使表现好的员工离开你的团队，另寻高就。因为他们不会想待在一个不在乎员工表现的团队中。好的走了，坏的却会一直留下来，因为他们知道，自己躲在公司不做事也很安全。如此一来，你的团队会逐渐地向下沉沦，直到万劫不复。

很多管理者会说：“如果是我，我一定第一时间开除烂苹果员工。”但现实中，并不是所有的管理者都会凡事果断，有一部分管理者会选择“对人不对事”的做法。因为他们害怕得罪人，所以，他们甘愿做企业的“老好人”。

事实上，如果管理者成为了企业中的“老好人”，那么带来的后果就是：出错的下属根本就意识不到错误的严重性，甚至对错误不以为然，在以后的工作中依然犯同样的错误。更可怕的是，这样的人还会影响整个公司的工作氛围，其他员工都会看在眼里，记在心里：他迟到早退，做事不认真，领导根本没说什么啊，以后我要是犯错，领导凭什么指责我？这就像俗话说的“一颗老鼠屎坏了一锅粥”。

所以，要剔除团队内的“坏人”，管理者就不要怕得罪人，敢于对违纪犯错误的员工进行批评指正。主管不能当“老好人”，不要认为你给手下留情，员工会领你的情，好好地配合你的工作，这样只会使你的工作越来越被动。你的放任会使员工无视你的存在，下次他还会继续犯错，并且其他人会模仿，这就增加了你的管理难度。只有敢管，主管才能在实践中得到提高。

第二节　正能量——困境即赐予

1. 由平凡到卓越有多远

狼算得上是捕猎成功率最高的动物了，但它们的捕猎失败率仍然很高，大约为90%。一次捕猎行动失败，只是单纯地磨炼狼的捕猎技能及增加其对成功的渴望；对于所犯的错误，狼并不会将其忽视，而是将其作为成功的开始。它们检讨失败的原因，并从中吸取教训。失败算什么？狼的生命里没有“失败”这个词。同理，一个人在职场中打拼，也不可能一帆风顺。谁都不可避免地会遭受困境，困境并不可怕，可怕的是你的心理防线被彻底击垮了，而又未能体会真正的“教训”，再重蹈覆辙，以致最后一败涂地。我们常说：“胜败乃兵家常事，胜勿骄，败勿馁。”如果我们能经得起挫折的打击，重振旗鼓，我们便能开辟人生另一个战场。

美国著名电台广播员莎莉·拉菲尔在她30年职业生涯中，曾经被辞退18次，可是她每次都不会放弃自己的目标。最初是因为美国大部分电台认为女性不能吸引观众，没有一家电台愿意雇用她。她好不容易在纽约的一家经济电台谋求到一份工作，不久又遭辞退，理由是她跟不上时代。但莎莉并没有因此而灰心丧气，她总结了失败的教训之后，再次向国家广播电台推销她的节目构想。电台勉强答应了，但提出她要先在政治频道主持节目。

“我对政治所知不多，恐怕很难成功。”她有点担心，但坚定的信念促使她要大胆地尝试。她利用自己的长处和平易近人的作风，大谈即将到来的“7月4日国庆节”的话题，还邀请听众打电话来畅谈他们的感想。听众立即对这个节目产生兴趣，她也因此而一举成名。

后来，莎莉·拉菲尔成为自办电视节目的主持人，两度获得最佳主持人奖项。在谈到自己的成功经验时，莎莉说：“我被人辞退18次，如果被这些厄运所吓退，我做不成想做的事情。相反，我让它们鞭策我勇往直前。”

如果一个人把眼光拘泥于挫折的痛感之上，他就很难想象自己下一步如何努力，最后如何成功。

有位哲学家说过：“失败，是步入更高的开始。”失败在一定程度上标志着一个新的起点，它是通向成功道路中的一段绚丽风景，是失败者东山再起的一块基石。失败更是一种良好的兴奋剂，能激发沉睡的激情，锤炼人的意志。

从一个普通人到卓尔不凡的大师级人物，距离到底有多远？黄鸣说：“由一个普通人，成长为一个对社会有用的人才，进而自我超越，成为一个卓尔不凡的人，这是一条漫长的道路。要认清一些障碍物，要在生理和心理上全面突击，这个过程事实上也贯穿于我们的整个人生。”

由平凡到卓越其实不远，秘诀之一就在于如何面对失败。有些人将失败看成打击，那么他的前一次失败就种下了下一次失败的种子，那才是真正的失败者。有些人将失败作为一种收获，那么每一次的失败就增加了下一次成功的机会。如果我们能屡败屡战，斗志便像狼一般一次比一次更强，越战越勇，最终一定会胜利。

美国电影明星史泰龙就是一个具有狼性的人，他就是凭着不畏失败的精神，才走上了人生的辉煌之路。在未成名之前，他穷困潦倒，睡在他的小车里面，身上只有100美元。在经历了1855次拒绝后，史泰龙终于当上了演员，他演的第一部电影叫《洛基》，是他自己编的剧本。正是凭借这部电影，史泰龙一夜成名，最终成为好莱坞片酬最高的男演员之一，基本酬金2000万美元。

林肯总统曾经遭遇许多次失败：1831—1860年，生意失败，爱人去世，精神曾经一度崩溃。竞选州长、州议员、国会议员，也遭遇了多次失败。但最终他还是成功了，成为美国历史上一位伟大的总统，深受美国人的怀念。

人生不怕屡战屡败，只怕没有勇气再上战场。应对屡战屡败的最佳方法，就是屡败屡战。在工作中，我们难免出现一些差错，难免遭遇困境。这时，如果我们抱着屡败屡战的心态，那么我们就一定能战胜失败，由平凡走向卓越。

最近流行一个词汇，叫“正能量”。什么是正能量？著名心理学家理查德·怀斯曼在其著作《正能量》一书中说：“快乐是正能量，爱是正能量，对抗负面情绪，传递正面情绪的是正能量，意志力是正能量，人的积极心态与积极行为都是正能量，善也是一种正能量。”

在企业里，管理者有一项重要的工作就是传递正能量，消除负能量。如果要让团队感受到正能量，那么管理者自己首先要学会排斥负面情绪。当遇到困难或者困境时，要积极应对，以积极向上、催人奋进的态度感染其他员工。所谓“喊破嗓子不如做出样子”，当管理者用自己的行为诠释正能量，传递积极、乐观、无所畏惧的人生态度时，你周围的人才能被你所感染，你的团队才能升华出正能量。也只有形成团队正能量，个人正能量才能得以持续和加强，个人才智才能充分发挥。

2. 创新观念，让“死水”变“活水”

狼族充满了智慧，其中对变与不变的把握，就充分体现了狼族的生存智慧。在捕食对象的选择上，可以说狼群真正做到了灵活变化。因为某些不确定的因素，自然界的某一物种会骤然减少。比如说，驯鹿是狼群最喜欢的食物，捕猎也相对容易。但当驯鹿的数量突然减少时，狼群就会尽量减少对驯鹿的捕杀，而是将目光转移到其他动物的身上。因为狼群非常清楚，在驯鹿数量骤然减少的情况下，如果继续捕杀驯鹿，那么，很快就会造成驯鹿的灭绝，它们以后就再也不能捕食到驯鹿了。

变化是生存的最大法宝，如果将狼的智慧运用到职场上，就要求我们摒弃一成不变的传统思想观念，不断培养自己的创新能力。为什么要不断培养自己的创新能力？这是因为创新能力是一个人或一个企业必须具备的核心竞争能力，它是赢家的第一生产力。美国著名心智发展专家约翰·钱斐说：“创新能力是一种强大的生命力，它能给你的生活注入活力，赋予你生活的意义。创新能力是你改变命运的唯一希望。”

任何人都想成为一个解决问题的高手，可很多问题的解决，如果依靠传统的办法根本就行不通。此时，就需要我们不断创新，就需要我们以全新的方式和方法去解决问题。当然，要做到创新，我们就必须要敢于打破传统观念的束缚，以全新的视角和观点看待问题，只有这样，我们才能抓住解决问题的灵感，找到解决问题的有效方法。

诺贝尔奖获得者、日本著名半导体专家江崎玲于奈和他的助手就是打破了传统，从而获得创新的典型例子。在20世纪50年代左右，世界各个国家都在研究制造晶体管的原料——锗。其中一项关键的技术就是将锗提炼得非常纯。但是，无论人们怎样努力，所提炼出的锗总免不了混入杂质，这严重影响了晶体管参数的一致性。当人们还都把眼光放在锗的提炼上时，江崎玲于奈突发奇想，如果采用与之相反的操作过程，有意添加少许杂质，结果会怎样？就这样，他把自己的想法付诸了实验，实验结果证明，当锗的纯度降低到原先一半时，竟然会产生一种比锗性能更优良的半导体材料。于是，晶体管制作原料的问题就这样被解决了。

所以，要创新就必须要打破旧有观念，只有这样，我们才能解决别人无法解决的问题。石油大王洛克菲勒有句名言："如果你想成功，你应辟出新路，而不要沿着过去成功的老路走……"

长期以来，生产抽油烟机的厂家都在如何"不粘油"上下工夫，但是众所周知，要做到绝对不粘油是不可能的，用户每隔半年左右还得清洗一次抽油烟机，这让用户感到非常烦恼。如何解决用户的烦恼？当其他生产抽油烟机的厂家还在如何"不粘油"上下工夫时，美国的一位发明家却打破陈旧观念，从相反的方向去思考问题，结果他发明了一种专门吸附油污的纸，只要将这种纸贴在抽油烟机的内壁上，油污就会轻松被纸吸收，用户只需要定期更换吸油纸，就能保证抽油烟机干净如初。

在职场上也是如此，我们总难以避免遇到各种各样的问题、困境，很多时候我们觉得问题到了无法转换的地步，其实，在这个世界上，根本就没有什么问题是解决不了的，只是因为我们暂时还没有想到解决方法而已。只要我们怀着创新心态，不管是在工作还是生活中都能够多角度想问题，那么，我们身边一切的"不可能"都会变为"可能"。

俗话说："山不转，路转；路不转，人转。"《易经》上也说："穷则变，变则通。"天无绝人之路，遇到问题时，只要肯创新，上天总会给有心人一个解决问题从而取得成功的机会。

有很多员工可能会说："我也很明白创新的重要性，但我很担心自己没有创新能力。"其实，创新能力和其他能力一样，是可以通过训练而激发出来的，管理者要做的就是不断激发出员工的创新能力。那么，具体来说，如何培养员工的创新能力呢？可以从以下几个方面来着手。

（1）管理者以身作则

员工不会因为受了培训立刻就会变得具有创造性，他们是需要不断鼓励的，而这正是管理者的重要职责。现在，许多管理者总是以为只要告诉员工创新的重要性，他们就会具备这方面的能力。但事实并不是这样。管理者仅仅将创新挂在嘴上是远远不够的，还必须要在员工面前展示出创造力的重要性。要达成这一目标，最好的方法就是树立良好榜样，通过自身对新想法、新思想的不断尝试来激发员工们采取同样的方式进行工作。

（2）营造一个不断创新的氛围

虽然通过培训可以不断提高员工的创新能力，但是，如果人力资源和管理者要想真正拥有具有创造性的员工，绝对不能只停留在谈论的阶段，只提供培训也是远远不够的，营造一个创新的氛围同等重要。什么是创新氛围？就是在团队内营造出的这样一种氛围：员工们创新思维非常活跃，随时可以提出很多好的想法和建议，而且这些想法能够不断得到支持并付诸实践。

（3）给员工一定的思考时间

很多公司认为让员工长时间工作就是尽可能多的获取利润的有效方式。实际上，从长远来看，更好的做法是给员工更多思考的时间。要知道，一个思路开阔的员工比一个墨守成规的员工对公司更有价值。

（4）鼓励员工不断学习

知识的多少，决定了创新的潜力值。一个人知识越丰富，其创新的潜能就越大。所以，管理者要做的就是不断督促自己的员工更新自己的"知识库"，只有这样才能不断提高自己的创新能力。

第三节　沟通无极限
——用“心”交流，求同存异

1. 打开窗户说亮话，隔墙说话难沟通

斯蒂芬·罗宾斯说过：“所有管理者都希望他们的员工付出最大的工作努力，这就应该调整自己的实践以满足员工的需求和愿望。要知道，最好的想法、最有创见的建议、最优秀的计划，不通过沟通都无法实现。”英国管理学家威尔德说：“管理者应该具有多种能力，但最基本的能力是有效沟通。”

著名组织管理学家巴纳德认为“沟通是把一个组织中的成员联系在一起以实现共同目标的手段”，离开了沟通，企业就没有了管理。企业是由人组成的，人与人之间难免会有误解、隔阂和猜忌，而真诚的沟通恰恰可以增进彼此之间的了解，从而真正达到消除误会、隔阂和猜忌的目的。这样一来，企业内便会比较容易地形成和谐的氛围，在这样的氛围下，大家也更能“心往一处想，劲往一处使”，团队的战斗力自然会越来越强。因此，现代管理者要保持沟通之心，只有沟通，才能把员工的“心门”打开，员工才会走进你的心里。

谭小芳老师说：“善于与人沟通的管理者，能用诚意换取下属的支持

与信任，即使管理过于严厉，下属也会谅解而认真地执行；不善于与人沟通的管理者，即使命令再三，下属也不愿接受，其结果必然怠慢工作。这样的团队领导肯定难成大气候，难有大作为。”因此，一位高效的管理者一定是优秀的沟通者，他们深知发挥领导力和影响力的关键途径是人际沟通和互动。

美国沃尔玛连锁企业创始人萨姆·沃尔顿说过：“如果你必须将沃尔玛管理体制浓缩成一种思想，那是沟通。因为它是我们成功的真正关键之一。我们以许多种方式实行沟通，从星期六早晨的会议到极其简单的电话交谈，乃至卫星系统。在这样一家大企业完成良好的沟通的必要性，是无论如何强调也不过分的。”

事实确是如此，萨姆·沃尔顿坚持跟员工保持沟通，为此他经常对沃尔玛商店实行走访式的视察。这使他成为深受大家敬爱的老板，同时他也获得了大量的第一手信息。他经过沟通发现弊端，同时也乘机挖掘人才，把他们安排在合适的岗位上。因此，常有这样的情况，他向企业业务执行总经理推荐说：“让××去管理一家商店吧，他能胜任。”企业业务经理要是对此人的经验等角度表示出一些怀疑，他就会说：“让他管理吧，让我们瞧瞧他做得怎么样。”因为他在沟通中已经了解了这个人的能力。

美国著名未来学家约翰·奈斯比特曾指出：“未来竞争是管理的竞争，竞争的焦点在于每个社会组织内部成员之间及其外部组织的有效沟通上。”可见，管理与被管理者之间的有效沟通是任何管理艺术的精髓。

杰克·韦尔奇说过：“一个企业80%的误会和矛盾都来源于沟通不

畅。一家企业的发展20%靠的是战略，80%靠的是执行，而执行成功的80%就在于充分的沟通。”可见，要解决企业这80%的误会和矛盾，就必须要建立良好的内部沟通机制。

俗话说，打开窗户说亮话，隔墙说话难沟通。谭小芳老师说：“开诚布公的交流和沟通是团队工作中最重要的环节。人与人之间隔墙说话、遮遮掩掩、言不由衷的做法会严重破坏团队中的工作氛围，阻碍团队成员间的正常交流，并最终导致管理失败。”可见，沟通对团队的工作展开起着关键性的作用。有团队就有管理，有管理就必然要沟通，唯有沟通才能避免冲突、减少摩擦、消除误解、化解矛盾，发挥团队和管理的最佳效能。

那么，在管理中，我们怎样才能做到打开窗户说亮话呢？我们可以通过以下三个方法来实现。

（1）转换思维模式

现代企业，员工的个性意识和受尊重的意识十分强烈，管理难度也在不断增加。这对于企业创始人而言是挑战，也是不得不经过的过程。在这样的环境下，企业要建立有效的沟通机制，关键是企业的高层首先要改变思维模式，不能让企业上上下下都围着自己的想法转，要让员工对自己的工作有全面的认识，发挥自己的特长，更好地完成工作。我们都知道，向下沟通容易，向上沟通难。想要减少这种情况，高层的管理者就要排除职位差异和经验主义，这样才能使沟通渠道畅通。

（2）积极聆听

管理者积极聆听员工的不同意见，有利于启发自己新的思想和创意。如果管理者经常与市场一线工作人员接触，并聆听他们的想法，可以保证企业产品会更贴近市场。当企业存在问题时，管理者通过认真聆听，就可能找到问题的所在，可以对症下药。另外，积极聆听也会让员工感觉到自己受到尊重和认可，从而彰显沟通的平等性，增强员工的主人翁意识。

（3）直接沟通，减少传话的中途损耗

心理学家做过一个有趣的实验：将20个人排成一排，心理学家只告诉第一个人一条信息，说完后让这个人再悄悄传达给下一个人，下一个人再依次传达给下一个人，就这样依次将信息向下传达。结果，最后一个人复述的内容竟然与心理学家传达给第一个人的信息彻底不同，甚至还偏离了原意。这个故事告诉管理者：企业的内部沟通机制要确保有效，就必须要保证信息在传达过程中不失真，这样才能减少传话的中途损耗。有一个好的方法可以减少信息失真，减少传话的中途损耗，那就是——直接沟通，而不是通过其他人传话。

总之，要做到打开窗户说亮话，就是要营造宽松、民主、开放的“无边界壁垒”环境，发掘群体智慧，减少丛林传话的中途损耗，让信息自由快速地流转起来。

2. 认真是一回事，建立默契关系是另一回事

在团队中，如果员工们个个工作认真，管理者就一定能和他们建立起默契关系吗？答案是否定的，因为员工认真不等于关系默契。这个不难理解，打个比方来说，一位员工工作态度还算认真，但因为其上司有点难沟通，所以，当接到任务时，这位员工即便是不明白或者不清楚，

还是不喜欢向上司发问，很多时候他会按照自己的理解去完成任务，结果很多次总是与这位上司的要求相差很远。我们能说这位员工和这位上司之间的关系是和谐的吗？当然不能。因为默契关系带来的应该是良好的结果而不是相差甚远的结果。所以，我们要知道，认真是一回事，建立默契关系是另一回事。这位员工如何才能与管理者建立默契关系呢？很重要的一点就是沟通。

一位著名的企业家说过："企业管理过去靠的是有效沟通，现在是有效沟通，未来还是有效沟通。"可见，管理与被管理者之间的有效沟通一直很重要。问题是管理者明白沟通的重要性，也很想和自己的员工建立畅快的沟通，但自己和员工经常会陷入一种"沟而不通"的恶性循环圈中。

难道沟通如此之难？要走出"沟而不通"的恶性循环圈，管理者应该如何做呢？

一般来说，身为管理者，掌握的信息比较多，准确度相对较高，而下属则相反，在这种信息不对称的情况下，作为下属，其分析往往存在误差，从而产生了误解。所以，在这种情况下，管理者首先要做的是要反思自我，看看自己在传达信息时，是否合理全面。如果没有，那就应该及时与下属沟通。如果发现误解已经升级，团队内人心已经受到影响，此时，管理者不能情绪化处理，应该平静地找下属谈话，或者张贴相关的文件，或者以会议的形式来解决，以消除误会。

其次，建立良好的沟通文化，使企业从上到下都重视沟通。如果企业不重视沟通管理，大家都消极地对待沟通，长期下去就会形成一种"无所谓"的毛病。员工对什么都感觉无所谓，既不找领导，也不去消除心中的不满；管理者也对什么都无所谓，不去主动地发现弊端和解决弊端。这样的企业也就无凝聚力可言。

再次，“以诚取信”。在管理中，很多领导者都片面地把“沟通”当作是“说服”的代名词，因而，沟通中经常会出现“口服心不服”的结果。沟通是双向的，讲求的是你情我愿，它不是说服，如果管理者总以“说服”的心态来沟通，常常就会以“口不服心也不服”的结局收场。沟通不是说服。与人说理，须先让人心中点头。因此，管理者在与员工沟通时，一定要真诚，要循循善诱、步步引导，要和员工耐心地商讨，要让员工“心中点头”，而不是一味地强迫员工接受自己的观点。

当然，真诚还体现在沟通要用“心”。在实际工作中，影响管理层与员工沟通的关键因素常常是管理者没用“心”，或者说对沟通缺少热忱，这种冷漠的态度只会让下属都敬而远之。还有一些领导在和员工沟通时，总不肯和员工交心，这就如同隔靴搔痒，沟通的效果甚微。上级与下级的沟通，关键是要用“心”。管理者只有做到以真诚的态度换位思考，将心比心，才能真正了解员工的所思所想，才能满足员工的需求。

最后，沟通要听“心”。墨家思想主张“尚同”，意思是“上下同情”，其最终的目的是把组织内的不同意见统一起来，形成共有的价值观。为了达到这一目的，前提是上级与下级之间要充分地沟通。墨子指出：“领导者管理政事，掌握了下面真实情况的就能得到治理，掌握不了真实情况的就要引起混乱。”在企业里，如果领导不悉心倾听员工的心声，就无法体现出企业对员工的关怀，有时候甚至会导致灾难性的后果。

总而言之，在管理团队中，沟通就好比人的血脉，如若沟通不畅，就像血管栓塞，最后导致致命的后果。因此，管理者必须要学会沟通，掌握沟通的途径。另外它不只是语言，还包括动作、姿态、眼神、表情等。有时，一个眼神，一句“我来了”，抱一下肩膀，笑一笑……对你都会有很大的鼓舞，让你工作开心、事业有成。在当今企业中，管理者良好的沟通能力已经成为激发组织智慧和活力因素的关键，甚至决定到企业未来的发展。

第四节　上下同欲——由“我”向“我们”转变

1. 等级分别是因，分级管理是果

中国的组织里面有个鲜明的特征，就是等级分明。中国人重视伦理，伦理就允许合理的不平等。我们通常把一个组织分成三个阶层：高层、中层、基层。为了表达清楚，有时我们还会把团队分成三个层级：领导、干部和员工。为什么在一个公司内，有上千甚至上万人，企业上上下下却依然能被管理得井井有条？这就得益于企业的分级管理。

一般情况下，如果让一个管理者管理 5 个人左右，会觉得很简单，因为管理的人少。但是，如果让一个管理者自己管理上百人、上千人甚至上万人，恐怕有很多管理者会产生力不从心的感觉。其实，如果管理

者学会了分级管理，就算是管理再多的人，也和管理10个人差不多。

有一家大型的公司，不到5年的时间，就开出了8家分公司，而且每家分公司的业绩都不错。公司的总利润也是逐年增加。5年的时间不算长，但其公司的利润却增长了十几倍，团队内成员也很稳定。

想知道这个公司为什么能发展得如此好吗？公司经理在一次采访中道出了自己的经验：“开始的时候，我们的业绩也一般，我发现公司所有的人都在做所有的产品，但结果生产出来的产品却并不好。后来，我把每一种产品都配了一个产品经理，然后在经理下面配上专门的员工，他们只要专心负责好自己所要负责的工作就可以，结果，产品的质量比以前好了很多，销量也就很自然地上来了。”

可见，分级管理很重要。作为一个公司的负责人，要清晰自己的企业要划分多少不同等级的部门，然后根据不同等级部门的特点，为每个等级的部门配上合适的管理者，这就是分级管理。

分级管理的关键包含两个部分，一个是“分级”，另一个是“管理”。“分级”是有效“管理”的关键所在。很多企业的管理都存在混乱现象，原因就在于根本没“分级”。管理者要想要“分”得正确，首先必须要明白自己的职责，清楚自己该做什么、不该做什么，确定了该做的，剩下的那些工作就是你要分给员工的，然后再根据剩下的工作组建不同等级的管理层，再为其配上领导，这便有了正确的“分级”。

“管理”是“分级”的目的，管理者把企业人员的级别分开了，就是为了更有效的治理。很多管理者分开了等级，但是“管理”的效果并不好，为什么？因为很多管理者在“管理”的时候，忽略了三点：职能分级了，但是并没有对企业的目标进行细分；根本就没有一个鼓励员工去完成目标的激励机制；分级之后，同级管理者的眼里只有自己的“小部门”，忽略了整体，甚至他们只知道在自己的部门里“各自为政”，却完全忘记了合作。

因此，管理者要做好“分级管理”，就必须要把以上三点容易忽略的因素重视起来，这样才能达到分而治之的真正目的。使企业上下同欲，达到“携手若使一人”的目的，形成最优化的管理系统。

2. 团队精神是果，合理领导是因

曾仕强在《中国式团队》里说：“中国人认为，合理就好。西方的团队管理以法为中心，重视管理；中国的团队管理以理为中心，重视领导。中国人重视心跟心的感应，那完全是电磁波跟电磁波的交流。中国人能不能团结，完全看领导者好不好。中国人有时能够众志成城，有时是一盘散沙，关键在于你怎么管理。”

要做到合理领导，管理者就必须先改变与下属的关系。“过去，我们把领导和下属之间的关系视为主从关系，现在时代不同了，我认为应该改为主伴关系，领导做主，下属陪伴领导。”曾仕强如是说。

合作是重新定义你和员工之间新关系的必由之路。现代管理者应该具备和员工的合作之心。因为管理者只有和员工站在平等的地位，把员工当成任务中不可缺少的合作伙伴，注意培养员工的主动性和自我管理能力，把员工培养成目标的盟友，才能让员工真正具备主人翁意识，做到和企业同心同德。在这一点上，我们可以向沃尔玛学习。

在沃尔玛，其员工不是被称为“雇员”，而是被称为“合作者”或

“同事”。最关键的是，沃尔玛内部的这种关系绝不只是停留在表面。公司将“员工是合伙人”这一概念具体化的政策定义为是三个互相补充的计划：利润分享计划、雇员购股计划、损耗奖励计划。

①利润分享计划：公司保证每一个在公司每年至少工作1000小时以上的员工或者在公司工作了一年以上的员工都有资格分享利润。员工们离开公司时可以现金或股票方式取走这些利润。

②雇员购股计划：员工可以通过工资扣除方式，以低于市值15%的价格购买股票。

③损耗奖励计划：因为损耗是零售业的大敌，沃尔玛控制这一纰漏的方法是与员工们共享公司因减少损耗而获得的赢利。如果某家商店将损耗控制在公司的目标之内，该店每个员工都可获得奖金，最多可达200美元。结果，沃尔玛的损耗只是行业平均水平的一半。而且，它还大大增加了员工们彼此之间的信任感。

山姆·沃尔顿说：“关心自己的同事，他们也就会关心你。”正因为沃尔玛的这种用人之道，换回的是员工们的心悦诚服，他们因身为沃尔玛的一员而自豪，因为他们受到了企业的尊重。

合作才是企业制胜的基础。管理者必须以合作为本，抱着合作的态度去对待员工，这样才能赢得员工的支持和拥护，员工们自然也会全力配合完成任务。著名的巴斯夫企业的领导人认为，在人力资源管理中，激发凝聚力和促进生产制造率的最关键原则之一就是要报着合作态度的领导方式。企业的上级领导应像自己也被领导一样，积极地投入到任务中去，并在相互尊重的气氛中与其他同事合作。巴斯夫企业多年的经验也表明，抱着合作态度的管理方法，能使员工更积极地投入任务，因此这也是激发凝聚力的极好途径。

所以，管理者要打造高效率团队，打造的团队的凝聚力，首先要赢得员工的合作。而赢得员工合作的精髓就在于管理者必须采取主动，要给员工在任务上以各种支持与配合。假设管理者能把员工视为合作伙伴，反过来，员工也会把管理者视为合作伙伴。

“员工不是为我完成任务，而是与我合作，我们在同一家企业共事”，如果管理者能自始至终牢记员工与你是合作关系，而不是为你完成任务，那么，在这样的领导之下，必定能打造出一支充满战斗力的团队，员工的心也会紧紧留在团队和企业。

3. 无心付出是因，真心回报是果

谭小芳说：“付出的心态是一种因果关系。舍就是付出，付出的心态是领导心态，是为自己做事的心态，要懂得舍得的关系。舍的本身就是得，小舍小得，大舍大得，不舍不得。”跟员工相处，也是这个道理。尽力地投入，不计较产出，结果是你将立于不败之地，这就是你的回报。

《易经》中的感应的卦，不叫感卦，而叫咸卦，咸的意思就是把心去掉——无心之感，才会有效。我们平时所说的“无心插柳柳成荫，有心栽花花不开”说的就是这个道理。什么是无心？无心就是做你该做的事，不计较成果，不要有投资回报。

任何一位卓有成效的管理者都知道，在你向别人伸手“要”支持之前，你必须得懂得不计成果的付出，先感动别人的心，感动不了别人的心就无法叫人付诸行动。这就是所谓的“先争取人心，人心不归，关系

不密，关系不密，大事难成”。

不计成果的付出即奉献，奉献意识是团队精神的根本。无私的奉献能赢得民心，能造就强大的团队，强大的团队能成就伟大的事业。对于奉献精神，很多的革命前辈们早已经给我们做出了表率。

红军过雪山时，有一天，一位首长正带领着战士们前进，突然有人跑过来报告，说是有一个战士冻死了。这位首长听后大吃一惊，急忙跑过去查看，他看见在一棵枯树下，坐着一个四五十岁的老兵，而身上穿得却还是夏天的单衣。这位首长看到这情形，震怒了，他冲身 边的人吼道：“御寒的棉衣不是早就发下去了吗？他怎么还穿着单衣？你们的军需部长呢？把他给我叫来！我要处分他！”这时，哭泣的人群中有人小声说：“首长，他就是军需部长。”这位首长愣住了，两行热泪从脸上淌下。他立正身子，用最标准的军礼向这位军需部长致敬。

中国有句古语：“得人心者得天下。”很多管理者在平时的工作中总是在想着：我能得到多少？而很少有人会去想：我做了多少，我让别人得到了多少？实际上，当你真正放下“有”或“无”的概念，真心为员工付出，真心给予员工关心时，你便会赢得员工的真心，这是对你最大的回报。

世界知名的东芝公司，在成立将近百年的时候曾一度陷入困境。此时，土光敏夫出任董事长。土光敏夫上任后，经常不带秘书，一个人提着酒瓶前往各工厂去慰劳员工，与他们共饮。对此，员工们都很感动。土光敏夫不摆架子、慈祥关怀的姿态，赢得了公司上下的好感。很多员工都说，土光董事长善待我们，我们更应该努力，竭力效忠。因此，他上任后不久，东芝公司的收支情况大为改观，两年内便把一个亏损严重、日暮途穷的公司重新支撑起来，使“东芝”成为日本最优秀的公司之一。

土光敏夫在他70岁高龄的时候，还经常走遍东芝在全日本的各分公司和下属企业。有一次，在前往东芝工厂途中，正巧遇上倾盆大雨，土光敏夫赶到工厂，下了车，不用雨伞，对站在雨中的下属们讲话，激励大家，并且反复地强调“人是最宝贵的”。下属们非常感动，他们围在土光敏夫的身边，认真倾听着他的每一句话。炽热的语言很快把大家的心连在一起，使他们忘记了自己还站在瓢泼大雨之中。激动的泪水从土光敏夫和员工们的眼里流了出来，此情此景，感人肺腑。

讲完话后，土光敏夫的衣服早已湿透了，当他要乘车离去时，激动的员工们一下子把他的车围住了，他们高声喊道：“社长，当心感冒，保重好身体。你放心吧，我们一定会拼命工作。”

面对这一切，土光敏夫情不自禁地泪流满面，他被这些为了公司的发展而不断拼搏的下属们所打动。从此，他更热爱自己的下属，下属们也更加爱戴土光敏夫，并以努力工作回报土光敏夫对他们的关爱。

很多管理者看到这个故事都会深受感动，但你有没有思考过：

在你的企业出现过这种现象吗？

你也能够像土光敏夫一样重视自己的员工吗？

你也能够像土光敏夫一样与员工真正打成一片吗?

张瑞敏喜欢引用《孙子·谋攻》里的一句古语:“上下同欲者胜。”他说海尔讲究“三心换一心”——“解决疾苦要热心、批评错误要诚心、做思想工作要知心”,结果换来员工对企业的“铁心”。人心都是肉长的,作为一名管理者,如果你从心底里尊重下属,付出真心和真情,就会获得员工们的拥戴,他们才会心甘情愿地为你效力,用实际行动来回报你,从而促进你在事业上的发展。

4. 三人为众,能分工合作才有价值

社会上,不管是各级政府组织、大小企业,还是每个家庭,都存在着分工,并且分工都很明确。分工不明确,不管是组织内还是家庭内,都会杂乱无章。毕竟大家都有“好事人人想管,难事谁也不想问”的心态,所以,社会离不开分工。分工后各自的职责更加明确,不管是企业还是家庭的管理都能有条不紊。

在分工的前提下,我们又必须相互协作,特别是在一些突发情况下,我们更需要协作。有了协作才能体现整体效能,才能提高办事效率。协作好了任何阻力都可以克服,任何困难都可以战胜。

“分工”与“协作”并不是矛盾的,而是相辅相成的,是一对孪生兄弟,相互不能分开。在一个组织内,有了分工必须有协作,有了协作才能体现整体的团结互助精神。而这种互助精神,正是一个团队获胜的最关键法宝。

狼是群动之族,攻击目标既定之后,群狼起而攻之。在头狼号令之

前，群狼就已各就其位，各司其职，其号声起伏而互为呼应，默契配合，有序而不乱。待头狼昂首一呼，则主攻者就会奋勇向前，佯攻者就会避实就虚而后动，后备者则厉声号叫以壮其威。狼群最伟大的品质就是它们的团队精神。尽管每头狼都有自己的任务，且任何狼都不能擅离职守，但一旦协作起来，狼便会成为有战术、有纪律的团队，狼群的力量则是空前强大的。

如今，任何企业间的竞争，都不仅仅是战略、财力、关系、单个员工等单方面的竞争，更是一个团队与另一个团队的整体竞争。在竞争中，只有那些有着像“狼”一样合作精神的团队才可获胜。

此外，分工协作更是提高效率的基本手段。在知识型团队中，人才个体既有异质性又有相关性，分工可以使每个人在自己所擅长的领域内专注工作，这有利于提高工作效率和创新效率。同时，人才群体的协作又可以达成个体之间的优势互补，有助于人才个体经验的积累和知识的完善，从而产生一种集群生产力和创造力，这是人才个体的能力所无法比拟的。

所以，作为一个管理者，就必须要学会正确处理分工与协作的关系，着力提高整体效能。具体来说，要处理好分工与协作的关系，管理者就必须要做到以下四点。

①分工不分家，坚持目标一致性原则，分工明晰，目标明确，但务必相互支持，相互配合，做到齐头并进；

② 要依靠协作增加合力，谋求分工和人才合力的全面结合；

③ 要坚持先分力，后合力的顺序，以取得最佳力为原则，以谋求最大合力为目的；

④ 要敢于承担责任，不得揽功诿过，更不能回避责任，必须体现权责统一。

总之，21 世纪是一个全球化的世纪，它讲究的就是分工与合作，组织中人与人之间的分工与合作，正如一辆汽车，注定有人是发动机，有人是方向盘，有人是车轮，但是只有方向盘、发动机和车轮之间紧密配合、良好协作，才能够载着这个组织从起点奔向目的地。同样，只有组织内的成员齐心协力、拧成一股绳，大家一起努力、一起奋斗，这辆载着目标和期待的汽车才会不走弯路，快速无误地奔向共同的目标，实现企业美好的愿景。

第五节 思想信念一致
——缔造一个洋溢着牺牲奉献精神的优秀团队

1. 观念合理，行为才合理

人是观念性的动物，这个特征对于中国人而言最为明显。因为中国人一旦形成了某种观念，就会很自然地在这种观念的指导下，做出相应的行为。因此，要带好团队，管理者需要从调整观念开始。

只有观念合理，行为才会合理。曾仕强说：“在管理中国的团队时，面对困境一味地急于求成是没有用的，因为对于团队中的中国人而言，如果只是通过外在的压力来进行宣导和沟通，通常是无济于事的。相反地，一旦使团队成员从内心深处认同你所倡导的行为，那么任何事情都会顺利发展。因为，凡是中国人心甘情愿做的事情，他们都不会计较其中的艰辛和困难，反而会视其为某种挑战，进而充满无穷的动力。换言之，一个会领导的人，不会规定下属做什么、怎样做，而是促使其自发地表现自己。从这个层面上来看，中国人在自动自发的时候，可以成为世界上最优秀的人，而当我们被动的时候，又可能成为天底下最糟糕的人。团队的领导者要激发出团队成员合理的行为、打造出协同一致的团队，其首要的工作在于培养团队成员自动自发的观念。”也就是说，要缔造一个洋溢着牺牲奉献精神的优秀团队，就必须要培养团队成员自动自发的观念，只有他们发自内心地认同了企业的一切，他们才能以赤诚之心服务于公司。

稻盛和夫创办的京瓷之所以成功，最重要的便是源于其正确的思维方式和思维观念。一个企业的价值观念可以说很大程度上取决于企业家的塑造。稻盛和夫相信正确的思维方式和思维理念对企业经营至关重要。

在稻盛和夫的管理中，他提出了著名的“人生方程式”，即“人生工作的结果 = 想法 × 热情 × 能力”。这个“人生方程式”一直受到高度评价。

在自己确定了正确且伟大的思维理念后，稻盛和夫为了将其价值观和经营理念灌输给员工，就将自己所领悟的有关工作和经营的理念，归纳总结为“哲学”，其哲学表述为“六项精进”和“经营十二条”。并且他要求公司的干部、员工都要认真学习、领会、理解，以从内心与企业的哲学产生共鸣。

稻盛哲学要求每一位员工做“作为人应该做的正确的事情，并以正确的方式贯彻到底”。正是由于他的员工能够自觉认同、接受和实践公司合理且伟大的价值观，企业内才达成了上下同心的结果。

正是认同了企业的观念，员工才做到了自动自发，进而把这种自动自发的观念深植于心。正是基于对企业核心观念的认同，京瓷公司的员工才甘愿奉献自己的力量。所以，要培养团队成员自动自发的观念，首先要让员工认同企业的核心价值观念，只有观念一致了，行为才能一致，才能符合企业的要求。

当然，要培养团队成员自动自发的观念，管理者就要给员工提供发展空间，帮助做好职业发展规划，让员工有奔头，并让员工意识到自己是为自己工作，而不单单是为企业、为领导打工，让他们意识到为企业、为社会创造价值的同时也在经营个人品牌，从而实现人企合一，建立起正确的信仰体系，为梦想而工作。

2. 建立共识，行为才一致

现在很多企业，无论是大的公司集团，还是小的个体商店，都面临着一个难题——分歧太多。一件事情分歧太多，即使大家都很用力，但由于用力的方向不同，最后往往收不到好的成效，甚至可能把一件事情做得很糟糕。

为什么分歧多？关键原因是大家的思想不一致。每个人都站在自己的角度看问题，遇事首先想的是个人利益，就会产生很多难以平衡的事情。如果谁也不愿意放弃或让步，那就会产生矛盾。在企业中，如果众人都不愿意坐下来好好协商和沟通，那矛盾就会激化。员工轻则消极怠工，重则离职走人。

思想不一致即达不成共识，一个思想不一致的团队很难有所作为。如何才能解决这个问题？建立共识。要带好团队，就必须要建立共识。如果各有各的心思，各有各的盘算，怎么可能精诚团结？如果董事长的决定，总经理不完全接受，总经理的决定，各部门经理有不同的解读，整个团队的步调不一致，哪来的团队力可言？

团队、团体、家庭的凝聚力都源于成员的思想统一。世界存活最久的团队——宗教，其成功的秘诀就是统一思想。佛教的思想就是普度众生。那么所有佛教信徒只有同一思想，即普度众生。中国人民解放军的军令如山的执行力背后的本质是同一思想——“为人民服务”。可以说，思想是否和谐统一决定着凝聚力的强弱。

被誉为中国台湾“经营之神”的王永庆在统一员工的思想方面花了很多时间。在他的团队里，他从来不讲“业绩”两字。王永庆认为，一个团队的业绩绝对不是讲出来的，而是自然产生的，团队管理得好，业绩自然就来了。所以，他不强调业绩，而是最重视三个方面。

①他希望自己跟下属有相当程度的共识，这样可以确保步调一致，如此，才不会有分歧。

②他要求自己的员工不断改善，要做到坚持不懈，但不具体要求他们干什么。

③他要求自己的员工严格执行他的命令，不得有半点马虎。

正因为如此，他所经营的台塑集团至今仍生生不息。可见，团队建立共识的重要性。团队的凝聚力是一种可以将每个成员紧紧联系在一起的无形的纽带。它来自每个成员自觉地发自内心动力，来自和谐的思想和对共识的认同。如果在发展的过程中，团队的思想不和谐，很可能将公司最初构建出的凝聚力打散。

团队的成员来自五湖四海，一个团队或一个企业，要想把来自五湖四海的不同年龄、不同学历、不同家庭背景、不同追求的人凝聚在一起，并让他们能死心塌地地朝着一个共同的大目标前行，靠的是什么？靠的是思想的和谐统一。

思想决定行为，志同而道合。每位员工的思想、习惯和行为不尽相同，那么要让所有的员工自觉地努力工作，那就要在他们心里树立起共同的“志”——思想，这样，所有员工才能把劲往一处使。

要想让员工思想上达到和谐，管理者可以从企业的价值观入手，即要让企业的价值观得到员工的广泛认同。价值观对于任何企业来说，具有统领企业、凝聚人心的重要作用。共同的价值观可以让员工心甘情愿地跟随管理者的指挥，聚成一股强大的正能量。它能使员工激发出高度的工作热忱，为企业做出更多更大的贡献。

在阿里巴巴，马云认为价值观的认同比能力更重要。他为什么对认同价值观如此重视？因为对于一个团队来说，最重要的就是基于共同的目标。通过明确的目标和共同的价值取向，可以成功引领团队走向辉煌。让员工将共同的价值观念融于心，才能化于行，并且行才能一致。

在不同场合，马云曾多次说过：“中国企业很少说使命感、价值观、理想、共同目标，而国外企业说得最多的就是使命感和价值观。我觉得人才进入我们公司以后，必须要认同我们的文化，认同我们共同的理想。

如果他不认同我们公司的目标，这些人就不应该让他进来。”

人的绝大部分行为是受价值观影响的，所以团队中建立共同的价值观极其重要。要知道，有人的地方就会有价值观。不管是什么时候，价值观都会在企业的员工中形成。如果一个企业没有正确地引导，员工自我形成的价值观就可能会与企业期望的相反。所以，作为管理者，应该主动引导团队的价值观，而不能任其发展。要积极主动地建立良好的价值观，并激励员工统一到共同的价值观之下，达到一种全体员工同心同德、力争上游的状态。

另外，要想思想上达到和谐，还有一个好办法就是征求大家的意见，也就是说，在讨论建设什么样的企业或者我们的企业该是什么样子的时候，要让大家发表自己的意见。尤其对于正处于革新的企业来说，让企业的所有人发表意见，可以让企业管理者认清哪些是可以沿用的，哪些是需要舍弃的，哪些是需要添加的。在这个基础上广泛宣扬，员工对企业精神的认可度就提高了。

现任志造传奇总经理、总教练王绪林说：“这一过程就是企业不断‘结合意志力’的过程，即在这个过程中，把企业每一个人的个人意志力结合起来，从而形成一个共同的意志力。这个结合的意志力往往还能产生一个更大的意志力，远远超过单个意志力的总和。钢铁大王卡内基就把自己的成功归结于结合了企业成员的意志力。”

再者，要想思想上达到和谐，首先要让员工意识到企业价值观对自己是有利的。人们往往对自己有利的东西更感兴趣。当然，认可企业的价值观，形成凝聚力，不能只靠口头宣誓，而是要在日念常工作中把这种文化外化。所以，领导者要以身作则。可以说，企业管理者的一言一行，对企业文化的形成和员工对企业文化的认可起着至关重要的作用。一个负面的言行，就会对企业精神造成严重的破坏作用。而一个正面的言行，也能使企业精神更加坚固。

总之，“没有统一和谐的思想，员工就不认同企业，那么企业就会出现内耗，这会使企业的竞争力减弱。反之，如果企业能够上下一心，企业内就会塑造出同质的环境，在同质的环境下，企业最终可以打造出一个同化的氛围，而同化的氛围最终可以造就同人，形成凝聚力。这时，所有认同企业精神和目标的人都会主动自愿地聚集在企业的旗帜下，向一个方向前进。”王绪林如是说。

第六节　目标明确，任务清晰
——抓住代表未来的东西

1. 设定短期目标，建立长期计划

在管理企业中，领导者常常思考，如何建立一种有效的激励机制，才能让员工勤勤恳恳、积极主动地去工作，才能让员工长久地留下？彼得·德鲁克提出的目标管理可以帮助管理者较好地解决这一难题。

彼得·德鲁克在《管理的实际》一书中道出：“企业需要的是一

种管理原则。这种原则将使个人的力量和责任心充分发挥出来。与此同时，为人们的注意力和努力指明方向，建立起协作关系，并使个人的目标与公共的利益相互协调。而能够承担此重任的方法就是目标管理。”

目标即方向，目标管理就是使团队内的每个部门、每个人都有明确、具体的目标，都有明确、具体的方向。目标管理运用得好，既能激励领导，又能激励员工。从对领导的激励方面来说，目标管理能够最大限度地激发出管理者必需的两项基本素质：一是主动达成目标甚至超越目标的自我要求。这就如德鲁克所说的：“目标管理的最大好处，也许就是使管理者控制自己的绩效表现成为可能。”即管理者为了要达成一定的目标，会不断地给自己提出更高的要求，在这样高要求的监督下，管理者的潜能会被最大限度地发挥出来。二是能够促使管理者创造一种环境——一种最有利于团队发展的环境，从而促成大家更快达成目标。从对员工的激励角度来说，目标为员工指明了前进方向，有了努力的方向，员工才会感觉工作着有“奔头”。

好的管理者具有很强的“感召力”。他们通过和员工分享宏大而长远的企业发展目标，让员工看到美好前景，并且他们能够让员工相信一定会实现愿望。如此有发展前景的企业，员工哪儿还会纷纷跳槽?

共同的目标是将人们凝集在一起的无形的纽带，也是促使员工对一个团队忠诚的重要方式。马云曾经说过：“30%的人永远不可能相信你。不要让你的同事为你干活，而让我们的同事为我们的目标干活，共同努力，团结在一个共同的目标下面，要比团结在你一个企业家底下容易得多。所以，首先要说服大家认同共同的目标，而不是让大家来为你干活。”

在企业中每个员工都有所期望，但这种期望并不一定能形成一种动力。成功的领导者要做的就是要发掘员工的期望，然后把这种期望变成一种具体的可行的目标，而一旦这个具体的目标被生动鲜明地体现出来的时候，员工就会从思想上产生共鸣，就会毫不犹豫地追随你。

那么，长远目标确立后，如何才能实现长远目标呢？八个字——做好当下，兼顾未来。目标越是伟大，越不可能一蹴而就。所以，对团队领导来说，大的目标确定后，其所关注的重心就要转移到“当下”来。所谓转移到当下，就是要详细分析你的团队成员具体工作的情况，做好当下，才能成就未来。所以，有经验的团队领导总是把一个长期目标分成众多的短期目标。我们知道，企业大的目标可以对员工起到很好的激励作用，但作为一个管理者，如果能将大的企业目标拆分成一个个容易实现的具体的小目标，则更能使员工得到实惠、看到希望。

为什么小的目标更能让员工看到希望？因为一个长期计划的实现过程总是很漫长的，没人敢保证在实现长期计划的过程中不会有人因为感觉不到成功而出现精神松懈。从心理学的角度来说，如果一个人总是感觉到成功离自己很远，那么，他的精神与行动力就会大大减弱，这无疑会在一定程度上削弱团队的战斗力。而如果能把长期计划分割成众多短期目标，由于人们很容易就能够实现这些短期目标，他们的心理上很容易就会产生一种成就感。成就感往往是鼓励士气的最佳手段，团队的战斗力也就可以因此而继续保持下去，这对我们追求下一个目标是相当有利的。日本著名马拉松运动员山田本一的成功，就得益于他对目标的合理的分解。

山田本一是日本著名的马拉松运动员，他曾两次夺得世界冠军。每当记者问他取得如此惊人成绩的秘诀时，山田本一总是回答："凭智慧战胜对手!"对于山田本一的回答，很多人都觉得他是在故弄玄虚。

但在多年之后，这个谜底终于被揭开了。山田本一在自己的自传里这样写道："每次比赛之前，我都要乘车把比赛的路线仔细地看一遍，并把沿途比较醒目的标志画下来，比如第一标志是银行；第二标志是一个古怪的大树；第三标志是一座高楼……这样一直画到赛程的结束。比赛开始后，我就会奋力地向第一标志冲去，到达第一标志后，我又以同样的速度向第二标志冲去。40多千米的赛程，就这样被我分解成几个小目标，跑起来就轻松多了。开始我把我的目标定在终点线的旗帜上，结果当我跑到十几千米的时候就疲惫不堪了，因为我被前面那段遥远的路吓到了。"

可见，目标被分解成小目标后更容易实现。在制定目标的时候，我们需要大目标，但更要明确的具体的短期目标。因此，身为领导者在建立了长期计划后，必须要学会将大目标打散，拆解成一个个可管理的小目标。通过利用小目标，来创造短期胜利，以便让你的大目标产生公信力，并且持续发挥威力。

最后，需要强调的是，在确定目标时，管理者一定要综合考虑每一位成员的意见，只有达成共识，才能使每位成员都有动力。同时所指定出的目标不能虚无缥缈，更不能可望而不可即，目标要实实在在，要让大家感觉到通过自身努力可以实现，如此大家才有奔头。

2. 有的放矢，有明确目标才有干劲

“没有比漫无目的的徘徊更令人无法忍受得了。”这是荷马史诗《奥德赛》中的一句至理名言。对于任何一个来说，方向都是最重要的。一个人如果没有明确的方向，那么，他的生活就会漫无目的。恰如列夫·托尔斯泰所说：一个人如果没有了方向，那他便没有了生活。因此，无论是在工作中还是生活中，我们都要先确定方向。确定了方向，我们便找到了通向成功的最短距离。

对于管理者而言，确立明确的目标是调动下属积极性的一个重要方法。确立明确的目标有令人意想不到的奇效，它会引导下属走向他们想达到的目的地。一个人如果没有目标，就时时需要别人的激励。反之，一旦有了目标，人们便会激励自己，自主地去做应该做的事。

英国一家教堂墙上有一块碑文，上面写道：“干活如果没有目标就会枯燥乏味；有目标而没有实干只是一个空想；有目标再加实干就成了世界的希望。”基督教圣经箴言也讲道：“凡没有远见的地方，人们必然毁灭。”

有效的团队必须具有一个大家共同追求的、有意义的目标。由于它的存在，使员工认识到这是“我们的团队”，并且知道“我们要创造什么”，从而能够为团队成员指引方向，提供推动力，让团队成员愿意为它贡献力量。

马斯洛晚年从事出色团队的研究，研究发现这些成功的团队最显著的特征就是具有明确的目标。他指出：“一个出色的团队，任务与员工本身已无法分开。或者应该说，当个人强烈认同这个任务时，定义这个人真正的自我，必须将他的任务包含在内。”因此，管理者如果想让自己下属积极、高效地投入到工作中，要打造一个足以凝聚大部分人向心力的团队，就应当帮助他们确定工作明确的目标，为他们构筑一个充满希望而又富有吸引力的未来。

有了目标，就可以保证团队的安全，让一群为了共同目标而奋斗的人不至于因为骤然的变故分崩离析。马云说：“有了一个优秀的团队，只是有了良好的基础，要想走向成功就得树立一个让全体人员都认同的愿景，一个共同目标。”

正是因为深谙此道，2004 年，阿里巴巴重新确定了公司目标：第一个是做 102 年的公司；第二个是做世界十大网站之一；第三个是“只要是商人，一定要有阿里巴巴”。马云也一直以他的“伟大的目标”鼓舞着全体员工：“我们是一群平凡的人，但在做不平凡的事——运作一个有东方智慧、西方商业理念，参与世界性市场竞争的中国企业。”通过这一目标，马云成功“燃烧”了企业上上下下的 3000 多人，吹响了整合的号角。也正是有了这种明确的目标，阿里巴巴的团队避免了分崩离析，才能越战越勇，越挫越强。

有资深的管理培训师做过一个调查，当问起团队成员最需要团队领导做什么时，80% 以上的人回答：希望团队领导指明目标或方向；而问团队领导最需要团队成员做什么，将近 80% 的人回答：希望团队成员朝着目标前进。由此可见，统一的目标在构建一支优秀的团队中占据着多么重要的地位——它是团队所有成员最为关注的一个问题。

根据自己多年的实践经验与调查结果，谭小芳老师说：“员工所做的工作有30%是与目标无关的，另有40%是源于目标不统一……”无数的案例也证明：企业或个人失去了目标，发展将成为空谈。

这并不是无稽之谈，很明显，企业若没有目标，前景就很朦胧，员工就不会知道自己接下来要干什么，企业的管理自然很难实现。所以，管理者的一个根本任务就是为下属定目标。定下目标，定下由谁来负责，定下完成任务的最后期限，再给出相应的报酬和激励，那么，管理上80%的事情就算是完成了。那么，管理者如何设定出合理的目标呢？

制定目标看似是一件简单的事情，尽管每个人都有过制定目标的经历，但如果要上升到技术的层面，经理必须学习并掌握“SMART”原则。什么是“SMART”原则？谭小芳老师认为，目标必须是具体的（Specific）；目标必须是可以衡量的（Measurable）；目标必须是可以达到的（Attainable）；目标必须和其他目标具有相关性（Relevant）；目标必须具有明确的截止期限（Time - based）。无论是制定团队的工作目标还是员工的具体目标都必须要符合上述五个原则，缺一不可。

曾有人对100位员工就“什么样的公司最为理想”的问题进行调查，结果90%以上的员工回答：“目标明确的公司才是好公司。”也就是说，把做事的目的告诉员工，让员工知道自己所从事的工作是公司整体目标中不可缺少的一部分。这样，才会激发出其工作的热情和工作的能力。总之，目标是行动的方向。对企业来说，可行、准确的目标可以正确引导企业进行高效的经营运作，对企业经营管理的改善和经济效益的提高具有重要意义。

第七节　纪律严明——责任不可稀释

1. 纪律是团队成功的基础

纪律在《辞海》里的解释是这样的：纲纪法律，指要求人们遵守业已确定了的秩序，执行命令和履行自己职责的一种行为规则。严格的纪律可以形成坚强的战斗力，可以保证团队取得令人骄傲的成绩，可以给企业带来巨大效益。可见纪律对一个集体、一个团队的重要性。正如《没有任何借口》的作者费拉尔·凯普所说："一个团结协作、富有战斗力和进取心的团队，必定是一个有纪律的团队。"

相反，如果一个团队没有严明的纪律，那么这样的团队也只能称为乌合之众。一群乌合之众根本不具备良好的战斗力。谭小芳老师说："对于任何一个团队来说，必须制定强有力的规章制度来规范团队成员的行为，这也就我们所说的团队纪律。"团队纪律是保证团队成员行为能够一致的基础和前提。要使团队成员能够具有统一的行为，团队管理者首先需要做的工作就是"建章立制"——确定游戏规则。

所以，作为一个明智、清醒的管理者，在团队建设上都会把大部分的精力放在规则的制定上。换一个角度说，使命和目标给我们指明了团队要干什么，而建章立制则主要是圈定这个团队和团队成员不能干什么。

杰克·韦尔奇曾经说过，对于一个团队来说，某些时候，“不能干什么”比“能干什么”更重要。

中国近代以来，最为成功的团队建设案例无疑就是中国人民解放军的团队建设。这支人民的军队，把不计其数的并没有太多知识的农民兄弟培养成了具备高度统一意识的优秀将士，并取得了一个又一个胜利。现代的企业从中可以吸收大量宝贵的团队建设经验。

从规模来说，解放军是一个堪称巨大的团队；从战绩来说，解放军是一个不断取得胜利的团队；从实力来说，解放军还是一个在20世纪唯一两次打败美国军队的团队。到底是什么秘诀，使这个成立之初只有几个人、一面旗帜、一个信念的团队可以战胜比自己强大数百甚至数千倍的对手，并最终走向胜利的？很重要的一点就是——纪律。

1927年9月，毛泽东率领工农革命军从江西遂川县准备向井冈山进发。为了确保组织成员能真正做到爱护人民群众，他向部队亲自宣布了红军的“三大纪律六项注意”。红军的“三大纪律六项注意”赢得了群众的真心信赖，为军队争取到了更广泛的群众基础。

随着解放军成为中国最具有竞争力的武装集团，解放军的大兵团作战对其自身的政治纪律、军事纪律和群众纪律不断提出更高要求。1947年10月10日，毛泽东为中国人民解放军总政治部起草了重新颁布的“三大纪律八项注意”，可以说，“三大纪律八项注意”的重新颁布，对统一全军的纪律，加强全军的思想、作风建设具有非常重大的意义，它从根本上保证了军队的执行力。

军队需要纪律，同样，企业的管理也需要纪律的维护。并且，企业的纪律不仅是用来管员工的，企业领导者也应该执行。如果企业最基本的规章制度都被随意忽视，成为一纸空文，那么像麦当劳、沃尔玛这样著名的企业将立刻会变成普通的快餐店与杂货店。

纪律是一切制度的基石，团队要想能长久存在，其重要的维系力就是团队纪律。所以，对任何企业管理者来说，都必须要把维护对的纪律当成是重中之重。当然，要建立团队的纪律，领导者自己必须要身先士卒维护纪律。一位著名的管理专家说，领导者的气势有多大，就看他纪律有多深。一个优秀的领导者必定是懂得自律的人，而且也一定是可以坚持及带动团队遵守纪律的人。

从当前来看，在很多企业中，纪律执行起来之所以非常困难，归结起来，原因不外乎四种情况：一是单位的领导违反了纪律，执行起来很困难；二是领导的亲友违反了纪律，执行起来很难；三是负责监督纪律执行的人违反了纪律，执行起来很难；四是单位中资格老、威望高的人违反了纪律，执行起来很难。如何解决这些难题？

要解决纪律执行难，其实并不困难，重点是企业上上下下要明确“纪律面前，人人平等”的管理理念，并且管理者自己要身先士卒。在这一点，我们不妨向联想学习，看看联想是如何做到纪律面前人人平等的。

在管理方面，柳传志是著名的“制度主义者”，是典型的纪律派。柳传志曾在很多场合说过：“企业做什么事，就怕含含糊糊，纪律定了却不严格执行，最害人！”“在有些人眼里。开会迟到是再小不过的事情，但是，在联想，这却是不可原谅的事情。二十年来，联想的开会迟到罚站制度一直严格执行着，没有一个人例外。”

在联想集团内部，有一个延续了多年的规定——无论什么原因，无论什么人，只要开会迟到了就要罚站一分钟。有一次联想集团召开高层领导者会议，柳传志很重视，早早准备好了材料，进了到会议室的电梯。不巧，电梯突然出现故障，此时，只能等着检修人员来开启电梯。等电梯修好，柳传志迅速冲上楼，可是，等他赶到会场，会议早就开始。看到大家都坐在会议室里，柳传志没解释一句，自觉执行惩罚，在会议室站足了一分钟。

就是凭着这样严格的管理风格，联想才一次又一次获得了“最佳管理公司”的美誉。

柳传志多次强调，立下的制度、制定的纪律条例绝对不是给人看的，而是用来严格遵守、严格执行的。无论是谁，只要是这个企业团队内的成员，就必须要严格遵守、严格执行，从没有例外。特别是管理者，言教再多也不如身教有效果，更应该带头维护纪律的严肃性。

一位著名的管理学家曾经说过：“制度应该严肃，一旦公布必须严格执行，任何人，特别是公司高管层不能出现特例，更不能去破坏。”当然，需要强调的是，形成纪律是一个较长的过程，需要克服自身许多不完善之处。但只有把纪律变成习惯，企业才能具备持久的战斗力。

2. 制约“庸者”，重用“能人”

纪律是一个团队的生命，要成功领导一个团队，最重要的就是纪律。一个企业没有严格的规章制度约束，就如同一盘散沙，毫无竞争力，更不会创造出更大的价值。与纪律相比，其他一切都是第二位的。

对一个团队来说，纪律就是企业为团队制定的一切规章制度。《邓小平文选》中有句话：“全党团结起来，一靠理想，二靠制度。”纪律或者说制度是一个企业赖以生存的基础，是企业的行为准则和有序化运行的合理的体制框架。企业纪律条例保证了内部员工的行为规范，是企业高效发展的重要保障。一位著名的企业家说，有没有完善的纪律条例，对一个企业来说，不是好与坏之分，而是成与败之别。没有纪律条例是注定要失败的。

一个企业内，并不全都是“能人”，还有少数“庸者”。如何让“能人”得到更好重用，让“庸者”受到制约？很重要的一点是靠纪律。一个公司只靠员工的自觉力，并不一定能保证员工很好地完成工作，只有完善的纪律条例才是员工落实执行力的重要保障。

用人的根本原则在于赏罚分明。心理学中有一个“破窗理论”：如果有人打破了一扇玻璃，却没有受到惩处，其他人就可能受到“暗示”而去打烂更多的玻璃。对于管理者来说，这一理论的重要启示就是：如果一个员工违反了纪律却没有受到什么惩戒，这就很容易给他人造成一种效仿或侥幸心理，久而久之就会引起整体效仿，团队的执行力就会整体下滑。

所以，对管理者而言，一定要建立起科学的奖惩制度，严格按照有错必究的原则执行，以保障全体员工执行力的提高。要知道，惩罚犯错是可以提高士气的，如果表现差的员工没有受到任何惩罚，只会促使“能人”离开公司。更何况在企业内，总有一些“不到黄河心不死”或者“不见棺材不落泪”的人，对于这些人，更应该施以鞭策、惩处。只有如此，才能维护纪律的严肃性。

企业的正常运转得益于完善的纪律条例，完善纪律的生命力就在于严肃执行。倘若员工不守纪律却不会受到任何处罚，不仅会给企业带来不好的结果，还会影响其他员工的工作热情和纪律意识，甚至破坏整个团队的良好风气。所以，对于不守纪律的员工，管理者要及时给予管制或者惩治，这样，纪律才不会沦为“一纸空文”，不会沦为粉饰团队的装饰品。

费拉尔·凯普在其著作《没有任何借口》里说道：“西点军校非常注重对学员进行纪律锻炼。为保障纪律锻炼的实施，西点有一整套详细的规章制度和惩罚措施。比如，如果学员违反军纪军容，校方通常惩罚他们身着军装，肩扛步枪，在校园内的一个院子内正步绕圈走，少则几个小时，多则几十个小时。关于这方面的轶事，我们随处可见。这样的训练整整持续一年，纪律观念由此深深地根植于每个人的大脑中。同时，与之而来的，却是每个人强烈的自尊心、自信心和责任感，这是一些让人受益终身的精神和品质。”由此可见，对于“庸者”进行惩治，“罚人”不是目的，惩罚只是管理的手段，是为了帮助他改正错误，使被处罚的人成为真正的人才，成为拥有让人受益终身的精神和品质的人才。

费拉尔·凯普说：“对企业和员工而言，敬业、服从、协作等精神永远都比任何东西重要。但我相信，这些品质不是员工与生俱来的，不会有谁是天生不找任何借口的好员工。所以，对他们进行培训和灌输显得尤为重要，就像西点不断要求我的着装和仪表一样，最后是要让所有的人都明白，‘纪律只有一种，这就是完善的纪律。’”

巴顿将军认为：“纪律是保持部队战斗力的重要因素，也是士兵们发挥最大潜力的关键。所以，纪律应该是根深蒂固的，它甚至比战斗的激烈程度和死亡的可怕性质还要强烈。”他要求自己的部队必须有铁一般的纪律，假如一个人不执行和维护纪律，必然会受到严厉的处罚。因为只有这样，才能真正维护纪律的严肃性。

当然，对于违反纪律者，其惩罚也要讲求原则，只有这样，被惩罚的人才会心服口服。那么，在惩罚时，要坚持哪些原则呢？

首先，惩罚要体现公平公正原则。要做到公平公正，必须做到依据规章制度而不是依据个人感情来行使手中的惩罚权。对于任何人，不论你的地位有多高，名声有多么显赫，只要违反纪律，就要受到同样处罚。

其次，奖励与处罚要做到明处，开诚布公，以大局为重，这样，被惩罚者才能心服口服。

最后，即时原则，即如果有人敢以身试法，违反了纪律，那么，管理者立即就要给予其相应的处罚，以此确保纪律的严肃性。

第八节　制度人性化——晋升的梯子爬不完

1. 建立承上启下的机制，在无形中去培养接班人

谭小芳老师认为："在员工眼中，薪酬并非他们留下的最核心因素。作为一名企业管理者，制定缜密的员工晋升体系，让员工感受到在这家企业有发展潜力，给员工一个可以预见的未来，才是留住员工的根本。"

大多数管理者都知道在物质激励上下工夫。事实上，除了物质激励外，晋升激励也是很好的团队激励方式。在一个企业中，员工都想在工作的过程中证明自己的能力和实力，都想对自己的工作有个交代，所以，很多上进的员工在不断做出突出的业绩后，都期待自己的领导能给自己一个晋升的机会。所以，建立完善的承上启下的晋升机制非常有必要。

事实上，对于一个企业来说，建立完善的承上启下的晋升机制，一方面，可以为企业培养出合格的接班人，另一方面，通过有效的激励约束、公平考核与升迁制度，就能做到人尽其才，既可充分实现员工个人价值和团队价值，又可杜绝企业中因责、权、利不明导致的摩擦和冲突而损害企业整体利益。而所有管理者的职责之一，就是要培养接班人。如果一个管理者不懂得培养接班人，只能使自己和企业陷入惨境。

在《三国演义》中，诸葛亮用自己忠诚的品德、超人的智慧、旷世的才能、敬业的精神，协助刘备匡复汉业，成就蜀国霸业，治理"天府之国"。论业绩，我们说诸葛亮是个一等一的功臣；但论管理，诸葛亮很不合格。为什么？他自己那么有才能，却连个优秀的接班人都没有培养出来。

在工作中，诸葛亮大事小事都亲力亲为；在管理上，可以说，他是一个纯粹的"家长式管理者"。而这样的管理方式，直接导致了蜀国没有优秀的接班人，致使后来出现了"蜀中无大将，廖化当先锋"的无奈局面，诸葛亮本人也落得个"出师未捷身先死，长使英雄泪满襟"的悲惨结局。

其实，领导一个企业和领导一个国家的道理是基本相通的。从“成也孔明，败也孔明”的历史教训中，我们不难看出，企业领导者的首要任务就是做到未雨绸缪，培养优秀的接班人，这是确保企业基业常青的百年大计。难怪柳传志深有体会地说：“以我办联想的体会，最重要的一个启示是，除了需要敏锐的洞察力和战略的判断力外，培养人才，选好接替自己的人，恐怕是企业领导者最重要的任务了。”

很多管理者有时会走入误区，他们担心下属会“功高盖主”，怕长江后浪推前浪，新人会抢走他的位子。其实不然，新人顶替了你的位子，你还可以高升，为什么要小看自己？更何况，一个合格的管理者，不仅要有统率全军的能力，更要有鼓励下属不断超越的胸怀。所以，一个最聪明的管理者要做的，不是大小权力都抓在手里，而是要不断地“推卸”自己的责任，从而让你的意向接班人和其他员工都操起心来，让别人多干事情，让别人变得能干起来。

如果一个企业的管理者把自己的责任推了、卸了，他通过“推卸责任”让自己的意向接班人和其他员工都成长了，这不仅满足了员工自我实现的需要，还能增加企业的凝聚力，让团队在增长的轨道上越跑越快。

那么，领导者应该如何发现、培养、锻炼自己的接班人呢？

（1）首先要制订培养接班人的计划

杰克·韦尔奇说：“花十年的工夫培养一个合格经理的时间不算长。”可见，企业内接班人的培养是一个相当漫长的过程，必须高瞻远瞩，提前筹划，做好计划。

一般来说，接班人计划由以下几个环节组成：确定接班需求，确定选接班人的标准；盘点人才状况，认真筛选、考察现有人才的基本状况；实施开发计划。

(2) 要全面培养，重在磨炼

孟子说：“舜发于畎亩之中，傅说举于版筑之间，胶鬲举于鱼盐之中，管夷吾举于士，孙叔敖举于海，百里奚举于市。故天将降大任于斯人也，必先苦其心志，劳其筋骨，饿其体肤，空乏其身，行拂乱其所为，所以动心忍性，曾益其所不能。”作为未来卓越的领导者，必须能经受住风雨的洗礼和历练，这是承担企业大任不可或缺的炼狱过程。所以，培养接班人是对接班人能力和毅力的严格检验。

有什么好的方法可以提升接班人的能力和毅力？曾仕强说：“一个领导真的要培养干部，最好的办法就是要让他轮调，让他从事过所有的业务，才知道他合适不合适。凡是直线升上来的，没有一个有好结果的。因为他的能力不够，眼界太窄，专业有限。只有那些调来调去、久经历练的人才适任。而且是不定时的调动。当然，轮调之前要有一个预备期，就是让被调的人适应一段时间再把他调过去；还要有一个酝酿期，看看大家的反应如何，有不同意见可以沟通，让大家心平气和，这时再调过去。”

总之，企业对接班人的培养必须尽早。这样不仅能提高他们的工作技能，还能使他们的潜能得到进一步开发。让接班人知道公司发现了自己并重视自己的价值，然后为他们提供一定的机会，促使他们有能力承担更高的职责。如此一来，员工的工作才会有激情，才会对管理者满意，对事业有成就感。

2. 授人以渔，栽培授权能效升

面对瞬息万变的市场风云，应对实力强劲的竞争对手，管理者如何才能做到高屋建瓴、运筹帷幄？管理者如何才能做到最大限度地调动员工的积极性，充分发挥团队的整体优势？谭小芳老师说："我在咨询和培训过程中，见到大多数卓越的领导者至少都有一个共同的特征：相当程度的授权，让下属无限的潜能得以发挥。授权让下属去做，你会发现下属远比你想象的还要尽心、卖力和能干！"

有效授权是现代企业管理对企业经理人提出的更高要求。优秀的管理者是将每一个人都转变成企业的领导者，使他们时刻以主人翁的姿态为企业不断创造价值。如何能做到这一点？答案就是：充分授权。创造一个充分授权的环境，使员工能全身心地投入工作，为团队取得佳绩而共同努力。

《荀子·十一王霸》里有云："明主好要，暗主好详。主好要则百事详，主好详则百事荒。"意思是说，聪明的领导善于抓住要点，而愚笨的领导却喜欢事无巨细。领导善于抓住要点，一切事情都可以落实周详；领导喜欢事无巨细，结果是一切事情都容易荒废。

"管得越少，成效越好"，这是杰克·韦尔奇的一句名言，和荀子所说有异曲同工之妙。杰克·韦尔奇把授权看作管理的必需。杰克·韦尔奇的授权之道就是——你必须松手放开他们。"掐着员工的脖子，是无法将工作热情和自信注入他们心中的。管理者只有松手放开他们，给他们赢得胜利的机会，让他们从自己所扮演的角色中获得自信。"谭小芳老师也说过：“沉迷于权力的人只会扼杀自己取得更大业绩的潜力和可能性。管理的重点是控制，领导的重点是激励与授权。减少控制，增加激励与授权，即‘少管理多领导’，这符合新世纪简约管理的大道与趋势。”

在国内家电业，“让别人替自己操心”正是美的集团创始人何享健最让同行艳羡的地方。在所有同行的眼中，何享健简直就是“潇洒”的代名词，他甚至从不用手机，也没有手机。尽管如此，他带领下的美的运行得比任何一家家电企业都好，他的成功秘诀就在于——有效授权。何享健曾经说过：“办企业靠的是人才，在行业里我认为我的经理人是最优秀的。在企业里，我什么都不想干，不想管。我也告诉我的部下，不要整天想自己怎么把所有的事情做好，而是要想如何把事情让别人去干，找谁干，怎样为别人创造一个环境，你要做的是掌控住这个体系。”

由此可见，“授权”比“命令”更重要也更有效。从一定意义上来说，授权也是对员工信任的表现。但有些管理者在授权之后，做得并不正确。他们把权力确实下放给了下属，但是在下属工作的过程中，他们却常常横加干涉，甚至有时自己拍脑门替下属做出了决定。管理者授权却又对下属横加干涉，这暴露了管理者的“信任”只是表面形式，必然会伤到下属的自尊心，使下属失去积极性，甚至会产生挫败感，这会严重伤害管理者与下属之间的感情。

管理者如何避免这种“表面信任”，让下属心甘情愿地为你拼命呢？这就需要你跟下属之间建立一种新型的信任关系。新型的信任关系即一种充分信任型的授权。广受尊敬的领导工作权威、家庭专家、公司顾问、柯维领导中心创建人柯维对于“充分信任型的授权”做过精彩的描述：“充分信任型的授权，是最有效的管理之道。这种方式注重的是结果，而不是过程。在授权给员工的过程中，管理者不需要时刻监督，被授权者可自行决定如何完成任务，并对结果负责。”

可见，在实际工作中，没有信任，就做不到有效授权。经营之神松下幸之助说过：“最成功的统御管理是让人乐于拼命而无怨无悔。这靠的绝对不是强制，而只能靠充分的信任。”广东南方李锦记健康产品集团主席兼行政总裁李惠森所领导的企业两度蝉联“亚洲最佳雇主”和“中国最佳雇主”的称号。被同行称为“最轻松”总裁的李惠森说过：“中国企业的信任关系大多是建立在血缘关系基础上的，对于家庭关系之外的企业成员，信任程度就比较低。”事实上，对员工的这种低信任，是影响管理者做好授权工作的最具有毁灭性的障碍之一。

“授权但不信任下属”也许是很多企业普遍存在的现象。要改变这种局面，突破这种管理的限制，领导就必须要建立一种超越血缘关系的信任关系。这种信任关系就是要求领导放心地让员工去做事，不需要时刻监督，只需在员工需要帮助的时候，尽量配合员工解决问题。

要想使授权激励发挥应有的作用，管理者必须将信任贯穿授权的始终，而不能朝令夕改、动辄就指手画脚，让下属觉得自己只不过是奉命行事的机器，至于工作的成败，完全与他无关。如果这样做，企业便得不偿失了。

任何员工都希望自己被信任，而授权正是基于一种充分信赖的开始。所以，管理者必须要学会授权。况且，授权能力是决定一个领导者优秀与否的标志。一个优秀的管理者必须给员工四个机会：做事的机会、赚钱的机会、成长的机会、发展的机会。授权就是给了员工成长的机会、发展的机会。

3. 尊重个性，英雄与团队可以兼得

让员工快乐地工作是所有管理者追求的管理境界，如何让员工感到快乐？“和”则乐。不满来源于管理者无情管理有余，融洽和谐不足。古人云：“欲谋胜败，先谋人和。”“人和”有两层含义：一是营造亲密、和谐的氛围；二是营造包容个性、和谐发展的局面。这样，员工的创造力才会竞相迸发，企业的活力才能充分展现。

孔子曰：“君子和而不同，小人同而不和。”“和而不同”是儒家重要的处事之道，也是企业充分利用人力资源，尤其是实施团队工作管理的重要指导原则。其中，“和”代表着高度的凝聚力，而“不同”则意味着允许员工发展个性。“和而不同”是高效团队的基本特征，也是团队有效调配人力资源的关键。

需要强调的是，在团队中，每个人有都各有所长。在“和”的基础上，有个性的个体必须要体现出自己的独到之处，体现出所谓的“不同”，否则，组织就失去了多样性和丰富性，这个单一的群体最终就会丧失生命力或竞争力。

有这样一则故事，有一家动物园，饲养员非常爱干净，每天都将小动物居住的笼舍打扫得干干净净。但奇怪的是，在这么干净的笼舍里，有些动物们却慢慢变得精神不振，开始厌食消瘦，有的还

生病，有的甚至死亡了。经过研究才发现，原来不同动物的习性各不相同，有的动物喜欢混浊的气味，有的甚至会因为看不到自己的粪便而感到不安全。由此可见，单一性的环境会对生物造成不良的影响。

自然界的和谐发展是建立多样性统一的基础之上的，同样，对于一个企业来说，其可持续发展也必须要建立在员工个性的基础之上。因此，管理者要实现有效的管理，就必须要包容、允许个体之间的差异性。如果一味追求所谓的“同”，而无视个体的个性，那么，企业必然会失去活力而最终走向衰落。

如何避免这种情况？最好的办法就是“顺应个性而安之”——取长补短。

墨子说：“譬若筑墙然，能筑者筑，能实壤者实壤，能欣者欣，然后墙成也。”清代诗人顾嗣协在《杂兴》一诗中也写道：“骏马能历险，犁田不如牛；坚车能载重，渡河不如舟。”其意思都是在强调取长补短、优势互补。俗话说“金无足赤，人无完人”，人各有所长，亦各有所短，管理者只有取长补短，进行合理地组合搭配，通过人才的优势互补，才能实现团队“1+1>2”的整体功效。在合理的用人搭配上，唐太宗李世民就是典范。

唐太宗李世民非常善于根据人才的优势进行组合使用。他把房玄龄和杜如晦合理地搭配起来任用就是一个很好的例子。中书令房玄龄善谋划，经常提出很多精辟的见解和治国方法。可是，房玄龄缺乏整理思维，常常是能提出很多精辟的见解，却很难决定颁布哪一条。杜如晦作为兵部尚书，在决策、判断方面胜人一筹。他虽不善谋划，却善于对别人的意见做出周密分析，并且他精于决断，很多事情经他一审视，很快就能变成一项律令。于是，唐太宗将他俩搭配组合在一起，从而形成了历史上著名的“房谋杜断”的黄金组合。

清代将军杨时斋认为，军中没有无用之人，关键是要让合适的人去做合适的事。我国当代传统文化的倡导者和传播者、国学实践应用专家、经济与文化学者翟鸿燊说过：“用人之长，天下无不用之人，用人之短，天下无可用之人。”这些都是在强调“顺应个性而安之”。

所以，管理者在追求“大和”的时候，也必须允许“个性”的存在。“和”是终极的目标；保持“个性”则是具体手段。在大目标的统一下，个性往往能够带来效率的提升。相反，如果每个人的思维习惯和行为方式都雷同，即便人心再齐，但因为缺乏创新，其工作的效率也会降低。

当然，要赢得以多元化为特征的人力资源，企业首先要改变考核要素，不能片面强调员工是否具有团队精神。在人事考核中，如果片面强调员工是否具有团队精神，就会误导员工处世随和，成为一个上下和睦的“和事佬”，“但求无过，不求有功”的非理性思维就会滋长。这样的团队，表面看上去上下团结、步调一致，而实际上却严重地束缚了团队成员智慧的发挥。所以，企业领导者必须辩证地去分析一个人的团队合作精神和个性所表现出的智慧，有时候，这种智慧恰恰是企业财富增长的巨大潜能所在。

总之，我们要发展个性，同时也要发展团队性。当个体与团队有矛盾时，团队和个体都应主动寻求对方和自身的改变，这才是一种积极解决问题的态度，从而达到个性与团队相互协调。只有这样，才能达到当代著名社会学家费孝通提出最高境界："各美其美，美人之美，美美与共，天下大同"。

第五章

带队伍就是带人心

第一节　人需要激励

1. 平凡的团队做出不平凡的事

彼得·德鲁克认为，组织必须依靠“一群平凡人做出不平凡的事”。如何让平凡的团队做出不平凡的事？很重要的一点就是管理者要做好激励。员工激励是企业永恒的话题，更是企业长盛不衰的法宝。管理者的激励，可以让员工变得自信，自信可以化腐朽为神奇。任何一个企业管理人员都知道，要调动下属员工的积极性，必须运用一定的激励手段。

美国管理学家贝雷尔森和斯坦尼尔给激励下了如下定义：“一切内心要争取的条件、希望、愿望、动力都构成了对人的激励。它是人类活动的一种内心状态。”人的一切行动都是由某种动机引起的，动机是一种精神状态，它对人的行动起激发、推动、加强的作用。所以，管理者若想要从根本上激发员工，就要“攻”其内心，就要给予员工适当的激励。

自古以来，激励都是管理中一种最重要的手段。《史记》载：楚汉相争之初，项羽曾经政由己出，号令天下，威震一时，然而，由于他不懂激励，“于人之功无所记，于人之罪无所忘，战胜而不得其奖，拔城而不得其封”，“虽有奇士不能用”，所以韩信、程平等都离开他，“择良木而栖，择贤主而事”。确立人才的相遇，纵使过去是“力拔山兮气盖世”的霸王，最终却难免“别姬”的悲剧。所以说，如果管理者想让自己的企业或者团队取得更大进步，除了要决策正确外，激励也相当重要。

美国前总统里根曾说过这样一句话：“对下属给予适时的表扬和激励，会帮助他们成为一个特殊的人。”有效的激励会点燃员工的激情，使他们的工作动机更加强烈，并将潜在的巨大的内驱力释放出来。激励产生势能，越是到位的激励所产生的势能就越高。

激励随处可见，不管是物质激励还是精神激励，只要能达到激发人心的目的，都是到位的激励。比如，电视剧《亮剑》中的李云龙为了激发战士们练兵，叫人杀了猪让炊事班煮，在那个吃饭都不饱的年代，热气腾腾的猪肉，对于任何人来说都是诱惑，都是一种激励。于是，他规定，谁能把手榴弹扔到筐里谁就可以吃肉，如果还有其他强项的也可以吃肉，达不到的只有一边闻味的份。于是，李云龙手下的兵，个个军事技术过硬。

那么，对于管理者来说，如何做好激励呢？要做好激励，管理者要做好两方面的内容：一方面，确定激励的标准，也就是说员工达到什么样的要求才会被激励，即员工做了什么样的事情或贡献才会被激励；另一方面，客观地了解员工的需要，增强激励的针对性，特别是对于创造了价值的员工，领导者不要想当然地给予无所谓的激励，这样根本就调动不起他们的积极性。

那么，管理者可以通过哪些方式来实现激励呢？

① 表扬激励。肯定与赞美是最强有力的激励方式，而且不花钱，但是却能在团队中起到很重要的作用。特别是在大会上的赞许，会让上进

的下属得到荣誉感和满足感，在以后的工作中更加有信心和动力。

② 平台激励。每个员工都会期待一个很好的工作平台来实现自己的梦想，如果企业不给予他们机会和给予支持，这样的人才就会在失望中跳槽。

③ 培训学习。每个员工都期待成长、提升，因而企业的培训也是对员工的一种良好激励手段。

④ 荣誉激励。人人都具有自我肯定、光荣、争取荣誉的需要、给予必要的荣誉奖励，是满足人们自尊需要、激发人们奋力进取的重要手段。荣誉激励成本低廉，但效果很好。

⑤ 目标激励。领导者提供切实可行的奋斗目标，可以激励被管理者的积极性、主动性，并能使被管理者的个人目标与组织目标紧密地联系在一起，实现与组织同步成长。

⑥ 情感激励。比如，管理者主动了解员工对工作的一些真实想法，或对员工的生活等表示关心，这种沟通主要是情感上的沟通，这种激励一般更容易唤起员工的感恩心。

⑦ 物质奖励。这是最基本的激励，就是保证企业的员工能不为生活所愁，满足员工最基本的生存之需。

总之，激励的方式还有很多种，管理者要做的就是无论何时何地，只要可能就给出激励。给予他人激励，一方面，可以满足员工需要；另一方面，也让你看上去像团队大家庭的一员，更像一个好领导。

2. 伟大的团队都有伟大的故事

有人说：“想要做一款 3 万用户级别的产品，只需把产品本身的功能体验做好就可以了；要做一款9万用户级别的产品，需在做好产品的基础上，对其进行针对性的宣传；如果要做成50万甚至上百万、上千万用户级别的产品，那我们就必须要赋予产品以动人心弦的故事，让它像空气一样自由传播。”因为只有有故事的产品，才具有更强烈的传播性与延续性；只有有故事的团队，才具有更强烈的凝聚力和传播力。

谭小芳说：“讲故事最容易贴近人性，并使得冷冰冰的东西更有情感，建立人与人之间情感沟通的桥梁。”同样，一个团队，不仅要有优秀的人才，更需要有统筹有方的领导者和管理者。但这都不是最重要的，最重要的是，需要有一个激励士气的团队精神。而一个伟大的团队故事不仅凝聚了团队精神，而且会更生动地把这种团队精神传递给每一个人。而团队精神又具有着强大的团结凝聚功能，它能引导人们产生共同的使命感、归属感和认同感，能使每个团队成员显示高涨的士气，有利于激发成员工作的主动性，使团队成员能够自愿地将自己的聪明才智贡献给团队。

现如今，企业都越来越重视企业文化的塑造，企业文化的形成过程其实就是企业精神推广的过程。谭小芳说：“而这一切都依赖行为层面的笃行，也仰赖于故事层面的创作与传播，其结果就是‘口碑’最终形成。口碑的终极目的是赞誉与信任，口碑的形象是碑额镌刻着‘流芳百世’的功德碑，而其本质却是能口口相传的故事。甚至石碑都消失了，这些故事还在流传。”

在大多数情况下，企业的生命力是有限的，真正能够做到百年老店的企业可谓少之又少。在不断变化的市场中，如何使企业长期保持活力？要想继承者具有和创业者一样的激情，持续保持企业活力，企业文化的传承必不可少。那么，如何将这种文化一代接一代传承下去呢？唯有故事。

为什么？因为企业的发展史总是由无数个事件构成的，随着企业的壮大，这些事件会在不知不觉间打上企业的烙印。日常工作中，员工所创造的并被员工们讲述并记录下来的无数触动人心的故事，将会被一代又一代的员工传承下去。这些故事经过了长期的积累，经过了深入挖掘，逐渐被提升到精神层面，最后成为企业文化和团队精神中不可缺少的一部分。

所以，领导者必须要学会讲故事。只有把故事讲给员工听，他们才会被感动。管理学家约翰·科特曾说过："不会讲故事的企业家，就不会管理。"哈佛大学教授霍华德·加德纳也认为："讲故事是最简单却最具有凝聚力的工具。"不要小觑小小的故事，事实上故事都隐藏着不可估计的力量。

没有故事力，就没有感动力，没有感动力，自然就不能凝聚人心。一个个感人的团队故事，可以让团队的向心力提升百倍、千倍，甚至万倍。感人的故事总能把团队精神完整地诠释出来，进而感动人，让人与企业产生共鸣。因此，企业的管理者一定要善于书写自己的团队故事，有故事力才有感动力，有感动力才能使团队成员产生共鸣，产生认同。

总结过往和现存的所有优秀企业的成功，我们不难发现，曾经经历的故事和当下发生的故事，都是他们用来传承企业文化和宣扬企业文化的良好载体，更是企业通向成功之路的利剑。所以，管理者要让自己的企业带有故事的基因。

那么，管理者应该如何讲述好企业故事并让其升华成为传达企业文化和团队精神的法宝呢？

管理大师诺尔迪奇总结出了三种可用的故事类型：第一类为“我是谁”，就是要讲述自己值得分享的经历，用自己的故事来打动人心。一个管理者用充满感染力的“我是谁”的故事来界定自己的价值观，就很容易赢得追随者建立的信任。第二类是“我们是谁”，也就是讲述关于团队同舟共济的故事，激励员工士气，让全体员工的心都凝聚在一起。第三类是“我们要去哪里”，也就是讲述企业未来发展方向的故事，可以不断地激励着企业上上下下奋勇向前，拼搏向上。

第二节　让团队为荣誉而战

1. 建立赢家形象

商场如战场，在“战役”中，“士兵”的士气对于战争的局势有着决定性的影响。团队的士气除了来自队员自己的主动型和积极性，还来源于队员对于团队的归属感和荣誉感。正如费拉尔·凯普所说的：“一个没有荣誉感的团队是没有希望的团队。”

什么是荣誉感？荣誉是指一定社会或集团对人们履行社会义务的道德行为的褒奖和肯定，也指特定人从特定组织获得的定性化和专门性的积极评价。个人因意识到这种褒奖和肯定所产生的情感，通称为荣誉感。

荣誉感最能激发人的信心。正如微软的每一位成员都以自己在微软工作为自豪，其士气自然就高涨，工作起来自然就会有激情。如果我们的团队成员也有相当的荣誉感，那么，团队的业绩就会突飞猛进。那么，怎样才能建立起团队的荣誉感，让团队自觉为荣誉而战呢？

要想让团队自觉为荣誉而战，很重要的一点就是帮助团队成员建立起赢家形象。伦敦商学院的著名行为心理学家尼克森教授说："人们用三个概念描述成功的领导者：性格、能力、形象。"其中，一个人的形象将直接影响到人们对他前两项的评判。因为"社会上的人在自己的大脑意识层已为成功者设立了模式"，所以，在形象上看起来就像一个成功者，是取得别人认可、培养团队积极心理的重要前提。

哈佛商学院《事业发展研究》中有句名言："事业的长期发展优势中，视觉效应是你的能力的9倍。"英格丽·张在其著作《你的形象价值百万》中说："对于经常出现在媒体上的政治家来说，他们的形象对于选票的影响能够千百次地证明'看起来就像个领袖'的重要性。政治家们只有经得起千千万万个选民的百般挑剔才能够走向成功。因此，'看起来像个领袖'对于政治家们来说，是获取选民信任的第一个至关重要的条件。在西方政治家竞选时，如果看起来不像个领袖，无论你的政治观点多么深入人心，也会失去很多追求'魅力领导人'的选民。这样的例子在西方的商界数不胜数。因为他们深刻意识到'看起来像个成功者'的形象对事业的促进作用。成功者如果忽略了对自己外在形象的维护，看起来不像个成功的人，是难以得到别人的尊重的。"

那么，管理者如何才能帮助员工建立赢家形象呢？所谓赢家形象，其实说白了就是要建立起员工对自己、对团队的信心。行为和情绪管理方面公认的专家安娜·劳里说："信心的缺乏就像流感一样在削弱着人们的能力。不管是暂时的还是长期的，信心不足都会极大地影响我们的事业。"张瑞敏说："管理就是树立榜样。"身体力行是最好的管理方法，是调动员工积极性最重要的因素。

要想成就一个常胜团队，管理者自己首先要建立赢家形象，要对自己有信心，使人们在接受你的赢家形象的同时，不断受到感染，进而自觉地向你的赢家形象靠拢。其次，管理者要帮自己的团队建立起信心。一个管理者若要让员工行动起来，就要让每一个追随者认识到自己的能力，让他们感受到自己的力量和强大，让他们感觉到他们可以做的事情比他们之前自认为的更多，他们可以展现自己的所有力量，做好力所能及的事情。这样，他们就更有信心为团队的荣誉增光添彩。

相反，如果领导者不能让追随者感受到自己的力量，一直觉得自己弱小，他们就会犹豫不前，不敢表现自己，团队的行动力就会大打折扣。在这样的情况下，团队成员怎么可能拿出勇气去为团队的荣誉而战呢？

要达到帮自己的团队建立起信心的目的，管理者就要经常鼓励自己的队员，帮助他们建立起赢家形象，使他们有一种被接纳、被肯定的感觉。尤其是当团队取得一定的成功或达成既定的目标时，管理者要及时进行鼓励和褒奖，如有机会，还可以满足一下队员们的虚荣心，当团队取得非常好的成绩时，可以带他们去一些比较高档的地方旅游，这样，既是对队员的鼓励，也可以增加队员在人前的荣誉感。

2. 内在的荣誉感是最强大的动力

荣誉激发战斗力。对于一个团队来说，荣誉就是团队的旗帜和灵魂。

一个有荣誉感的团队是有希望的团队，是伟大的团队。每个人都应该体会过集体荣誉感的神奇力量，它是集体凝聚力的一个源泉。

2009 年 5 月 12 日，NBA 西部半决赛第四场正在举行，对阵双方是小牛队和活塞队。此前三战，小牛队 0 比 3 落后。观众大都认为结果没有悬念而言，因为在 NBA 几十年的比赛中，还从没有哪支球队能在 0 比 3 落后的情况下扭转乾坤。

本场比赛之前，小牛队教练对球员说："我们已经没有退路，要么赢下比赛，要么开始放假。"为了荣誉，队员们冲劲十足。在本场比赛中，小牛队全队上下同仇敌忾。为了小牛队的荣誉，德国人诺维茨基用行动证明了他是小牛队当之无愧的领袖，全场拿下 44 分，其中最后一节拿到 19 分。结果没有让小牛队颜面无存，扳回一局，避免了 0 比 4 被横扫的尴尬局面。

人对荣誉的需求被认定为是精神需求，这种精神需求可以为人们输送精神力量，同时督促人们把精神力量转化为实际行动。在赛场上，集体荣誉感非常重要，同样，在企业中，团队成员的荣誉感更是至关重要。

荣誉感是一个团队的灵魂，是人的一种自我约束和自我激励，它不仅能够规范员工的行为，极大幅度地提高团队的效率，还能激发人产生出无与伦比的工作动力和热情，使人创造出非凡的业绩。如果员工没有荣誉感，纵有最为完善的管理制度，也难以使其产生追求完美工作的动力。美国著名企业管理培训师安东尼·格拉斯说："一个没有荣誉感的团队是没有希望的团队，一个没有荣誉感的员工不会成为一名优秀的员工。对此我深信不疑。"

事实证明，荣誉感具有强大的力量。荣誉感不仅是一种感召力，更是一种弥足珍贵的工作热情。然而荣誉感不是与生俱来的，是需要长期培养的一种珍贵品质。所以，管理者若想自己的团队成员拥有强烈的荣誉感，就要加强对他们的培养。管理者不仅要帮助成员树立正确的荣誉观念，还要塑造出集体精神，让成员都为团队荣誉而战，相信这样的团队一定会创造出奇迹。那么具体来说，管理者可以从哪些方面来提升团队的荣誉感呢？

（1）打造激励型团队

所谓激励型团队，就是不但企业的老板要善于激励，而且企业的管理层也都要成为激励高手，激发大家的荣誉感。管理者要做的就是让团队有一个积极向上的激励氛围，大家互相激励，让团队充满活力。

（2）多一些正向激励

要做到多一些正向激励，管理者可以通过树立先进典型或榜样的方式，对工作中做出突出贡献或者业绩优秀的部门、员工授予荣誉称号，或通过内部刊物、板报、破格提拔等形式，激发大家你追我赶的工作热情，让员工珍惜来之不易的荣誉，增强大家的集体意识，并积极维护荣誉，为荣誉而战。

（3）员工分星，激发上进心

对员工进行星级评定，如1～5颗星，根据企业设定的标准，对优秀的员工进行星级晋升，并佩戴相应的星级徽章，以此来弘扬先进，督促后进，激发大家的自豪感、成就感和价值感。

（4）公司股份化，与员工共享

作为企业的创始人，要想把公司发展成大公司，首先就要想办法把公司办成大家的公司，而不是一个人的公司，这样才有做强、做大的基础。为此，管理者可以通过公司股份化的形式，给员工配股，或奖励、出售股份等，让大家投身进来，激发大家的主人翁意识，从而提升大家的团队自豪感和荣誉感。

安东尼·格拉斯说："战士为荣誉而战，员工则需要为荣誉而工作。商场如战场，企业就如同一个部队。人们喜欢从自身所在的组织获得荣誉感，而荣誉感正是从公司的发展、规模、利润、领导者、产品、服务等方面获得的。"所以，要在商场上取得胜利，要让企业生存下去，管理者可从公司的发展、规模、利润、产品、服务等方面入手，通过挖掘这些不同方面的闪光点，来激发员工的内在荣誉感，使企业拥有蓬勃发展的动力。

第三节 "士"为知己者"战"

1. 员工为什么听你的

员工为什么听你的？对于这个问题，很多管理者会觉得无从回答。因为他们觉得要回答这样一个宽泛的问题实在太难了，毕竟不同的员工对管理者有不同的要求。其实，要回答这个问题并不难，只要你能成为一个"好"领导，员工就一定能听你的。

好领导？难道领导也有好坏之分？回答是肯定的。在某些员工口中，我们经常听到："我们的上司可好了，不仅关心我们，而且理解我们的想法，最重要的是……"；还有一些员工这样说："我们的领导真是差劲，简直就是个'炮火哥'，动不动就对我们发火，还经常把'如果你不怎么做，我就开除你'挂在嘴上。"这就是区别，同样是领导，就是有好坏之分。

那么，什么是好领导？

好领导能够给员工营造一个高度互信的工作环境，好领导值得信赖，他们不会刻意"防范"员工，在这种工作环境中，每个员工都可以敞开心扉畅所欲言，而不用担心会得罪领导。

好领导懂得支持员工，懂得把下属当作一个家人来进行关心，他会真心地帮助员工、指导员工和鼓励员工的想法，以及保护他们的立场。

好领导会随时关注员工的成长，并给他们希望，他会站在员工的立场上，全力帮助员工成长提升，让员工的胜任能力不断增强。

好领导会让员工知道努力的目标是什么，在员工迷茫时，好的领导会帮助他们明确方向，帮助员工朝着正确的方向改进。

好领导能表里如一，他们往往对人一视同仁、处事公平公正，他们没有暗箱操作，也不会当面"抹蜜饯"，背后"捅刀子"，使接近他的人总会有"安全感"。

好领导会把诚信看得至高无上，给予下属的承诺，他们一定会严格兑现。

好领导会严于律己，以行动服人，他们不耍嘴皮子，不玩面子工程，他们往往身体力行、为人表率，用自己的实际行动来影响和带动身边的人。

好领导善于尊重和关爱下属，他们往往视同事如“兄弟”，懂得怎样去珍惜和爱护与自己朝夕相处、共同拼搏的“战友”，会让下属有一种“如家”的感觉。

好领导对事情有着更积极的态度，他们带领员工积极地迎接一切外来的刺激，把被动刺激变为主动的自我激励。

……

而什么是坏领导呢？

坏领导根本不会尊重员工，他们只是把员工当成赚钱的工具，如果他觉得你有价值，他就会极力地接近你，但到了他认为你没有利用价值的时候，他就会像扔垃圾一样把你抛弃。

坏领导并不关心员工的成长，他们不会给予员工培训和辅导，对待员工他们只是利用年度评估或半年评估，这期间他们根本不会给员工做指导。

坏领导不会为员工去努力营造互信的环境，他们奉行“权力最大”，所有的员工都必须听从他的，他们总喜欢把“不照我说的做，就走人”挂在嘴边。

坏领导经常会背信弃义，他们根本无诚信可言，视拖欠薪资为家常便饭，动不动就让员工加班，甚至牺牲员工的节假日，却不言一声“谢谢”。

……

俗话说，人心如水，水能载舟，亦能覆舟。只有成为了员工心目中的“好领导”，员工才会死心塌地跟随你。那么，管理者怎样做才能成为一个好领导呢？做好“三头”工作是关键。

首先，必须要让自己的员工有“盼头”。什么是“盼头”？对于员工来说，“盼头”可能是得到职位、收入、知识、技能等中的一项或者是多项，好的领导就是让员工相信并带领员工实现他们的“盼头”。

其次，要让员工有“赚头”。简单来说就是领导有羹，大家也可以分到几勺，这是企业与员工和谐共生最基本的伦理。

再次，要让员工有“念头”。什么是“念头”？中国企业界著名教练型导师张佳明先生在其著作《总裁教练模式》里这样阐释“念头”：“念头就是念于亲情，念于感情，念于人情。”就是说，要成为一个好的领导，除了让员工感觉到跟着你有钱赚，有技能学，还要让员工感受到你和他之间存在着感情关系。这种关系，可以让员工随时感受到领导的亲情、感情和人情，这样的领导，自然人人愿意追随。

因此，管理者只有让员工有“盼头”，有“赚头”，有“念头”，才能真正经营好人心。即便是一个领导的工作有千万项，即便是一个领导整天忙得不可开交，经营好人心也是一定要做的。所谓管理就是经营人心，带队伍就是带人心，当领导抓住员工的心时，企业还有什么困难不能克服？

2. 关键时刻拉下属一把

乐于助人，人心归之。“关键时刻拉一把”是对下属真诚的帮助，领导者对下属的关爱之情体现在点滴的工作与生活当中，更体现在关键时刻不遗余力的“拉一把”，关键时刻，谁不希望有人拉一把，无私胜有私，这远胜于一切说辞，也能赢得下属的心，更展现了领导者的风度与魅力。

俗话说，雪中送炭更胜于锦上添花。当员工处于困难时，管理者如果能用真情为员工解决后顾之忧，更能赢得员工的心。管理者关键时刻拉下属一把一般表现在两个方面：一是当员工生活中有解决不了的困难时，管理者要及时拉一把；二是当下属犯了错误时，管理者也要有“关键时刻拉人一把”的豁达和胸怀，切不可落井下石，打击报复。

海底捞的成功，很重要的一点归根于他们的管理者在亲情方面做足了文章。他们不仅为员工着想，还从实际行动中真心帮助员工解决后顾之忧。比如，对于那些家在外地、没有时间探亲的员工，海底捞每年都会为他们放一周的探亲假，以便让他们全家团圆；对于刚结婚不久的夫妻，海底捞会为他们提供单间宿舍，以解决夫妻两地分居的问题；甚至还会为员工的家属解决工作问题。而这些都是海底捞在日常管理中用真情为员工办的实事。

没来海底捞之前，王丽是个整天与庄稼打交道的农民，为了凑齐女儿上大学的费用，她才决定出来打工。外地人在北京的打工之路充满了无奈和痛苦，但王丽依然选择了坚持。从招聘启事中她得知海底捞牡丹园店正需要一名保洁员后，便怀着忐忑的心情去面试。由于她的淳朴且能吃苦耐劳，她便成为了海底捞的一员。实际上，海底捞的工作并不轻松，她每天都要及时地打扫就餐区的卫生，一天忙下来，累得腰酸背痛。

王丽深知要在女儿开学前攒够5000元的学费，于是她更加努力地工作。同事得知此事，就把王丽拼命工作的事情告诉了店长。善解人意的店长随即找到王丽，当得知她正在为女儿的学费发愁时，店长很快在店里召开了募捐大会。在不到3天时间里，王丽就收到了5000多元的捐款。看到大家真心地帮助她，王丽再也控制不住内心的情绪，像个孩子一样哭了起来，并对着在场的同事深深地鞠躬道谢，还当场立下决心：一定会把海底捞的保洁工作做好。

就是这关键时刻的“拉一把”，让海底捞赢得了员工们的心，也让员工们相信海底捞就是他们共同的家。可以说，正是海底捞在日常的管理中释放出的浓浓亲情，才让员工增强了对海底捞的忠诚度。由此可见，海底捞借助亲情式的管理方式让员工感受到了温暖，更好地激励员工更努力地工作。

关键时刻拉下属一把，其实这是管理者对员工的感情投资。凡是优秀的管理者，都是善于对员工进行感情投资的领导。这样不仅可以有效地激发员工潜在的能力，还可以让员工产生强大的使命感与奉献精神，因而愿意尽己所能，踏实工作，充分发挥自己的潜力。所以，当员工在工作中碰到困难时，管理者应该表示理解和支持，而不是批评和嘲讽。只有重视与关爱，才能充分鼓舞起员工的勇气，使其努力克服困难完成工作。

另外，关键时刻拉下属一把还表现在当下属犯了错误时，管理者能以豁达的胸襟伸出援手“拉一把”，而不是在背后“推一把”。

小陈工作十分卖力，但他有一个缺点，就是喜欢拉帮结派，这让很多同事和上司很反感。有一次，小陈犯了一个大错误。当时，公司的其他管理者都倾向将其开除，小陈也做好了被开除的准备。

但在会上，公司的总经理却发表了不同的意见："我认为看一个人，不能老看缺点，更多的是要看优点。人总会有过错，我们要公正对待，只要功大于过，就是一个人才。我承认小陈身上有缺点，但是大家也应该看到，他身上藏着许多优点，他干工作的那股卖力劲儿，有谁能及？仅此一点，我们就没有必要炒掉他。他这次是给公司造成了损失，但我相信，给他一次机会，他肯定会在以后的工作中加倍努力，把损失补回来。"

小陈做梦也没有想到总经理会替他说好话，当下竟感动得热泪盈眶，由于总经理的坚持，小陈被公司留了下来。总经理在关键时刻拉了小陈一把，不仅获得了良好声誉，更重要的是彻底赢得了小陈的心。在以后的工作中小陈改正了缺点，积极配合总经理，成了公司人人敬佩的得力干将。

人都是有感情的，关键时刻拉下属一把，会使员工产生"归属感"，而这种"归属感"正是员工愿意充分发挥自己能力的重要源泉之一。任何人都希望自己和公司能站在同一立场，而不希望被排斥在管理者的视线之外，更不希望有朝一日自己成为被炒的对象，如果得到了来自管理者的理解和支持，员工的心里无疑会安稳、平静得多，所以会更愿意付出自己的智慧和力量。

3. 放手让员工去做

领导在创业初期，确实应该亲力亲为，带领大家一起奋斗拼搏；但当企业走上正轨后，领导就要逐渐放手，将权力移交给干部。这就像教小孩学走路一样，当一个小孩蹒跚学步时，你扶着他，他才敢走路。如果你一开始就撒手不管，小孩就会摔跤，以后他就不敢走。而等他渐渐走得稳了，就要放开手，让他自己去尝试。如果此时你还不放心，还要扶着他，那他要很久才能学会走。

管理员工也是同样的道理。刚开始，领导要带着干部干，教会他们怎样做，否则是不负责任的，领导的责任是保证干部能够完成工作。干部成长到什么程度，你就放手到什么程度，这个“度”要自己去拿捏。

事实上，很多领导没有体会过做基层员工的压力。年轻人总是需要学习、要长进、要历练的，如果领导把所有的事情都做了，那他们做什么呢？尊重下属，给他们平台，让他们有机会历练、长进，这才是正确的。

很多领导舍不得放权，他们总担心员工做不好，这样一直占有权力实际上很辛苦。刚开始，领导应该样样做给员工看。因为你有经验，知道该如何去做。等你把所会的知识都传授给员工后，就要逐渐放手，让他们自己去尝试做，而你得抓紧时间充实自己。

事实上，领导若是紧抓着不放权，员工却闲得要命。这也在一定程度上剥夺了员工的成长权、成就感。有哪一个员工愿意长期待在一个没有成长权和成就感的公司？领导懂得合理放权，对公司和员工的发展百利而无一害。

哈佛大学商学研究院著名教授、当今世界上最有影响力的管理学家迈克尔·波特认为：“领导者唯有授权，才能让自己和团队获得提升。”授权是管理者激发员工潜能的重要方法，领导者只有有效授权，才能有更多精力去做更重要的决定以及思考企业更长远的发展计划。而因为被授权，员工则能从被动的执行者成长为具有判断力和创新能力的人才，在此过程中还可以不断提高自己的执行力。由此可见，授权并不仅仅是权力的赋予，也是员工学习和成长的开始。

微软公司时常赋予员工很大的自主权。比尔·盖茨说："我采取的领导方式就是：放任，不用任何规章去束缚员工，让他们在无拘无束的信任氛围中，发挥每个人的创意和潜能。"在微软，大部分工作都是由员工自己制订计划去完成的。在这样的氛围里，微软的员工总能怀着高度的热情去工作，并能以极高的工作效率来回报企业对他们的信任。

每一个组织中都有一个明确的共同的组织目标，管理者可以通过授权，把共同的组织目标分配成小目标，然后分配到每个人的身上。这样将责任过渡给更多的人共同承担，大家在工作中，就是时刻盯住大目标，力往一块儿聚，劲儿往一块儿使。组织内就会产生"九牛爬坡，个个出力"的协作精神。

优秀的管理者可以把每一个员工都转变成企业的主人，让他们以主人翁的态度为企业不断地创造价值。而这要求管理者创造出一个充分授权的环境。有效授权不但可以提高工作效率、降低企业的成本，还可以培育员工、培养新的接班人，使管理化繁为简、化忙为闲、化紧张为和谐。那么，管理者要在什么时候授权呢？

当你（管理者）对处理的事情感到毫无头绪时；当你已然变成了一个忙碌的事务主义者时；当你的员工整天闲得无所事事时；当你的员工事无巨细任何事情都向你请示时；当你的企业内发生了紧急情况时——此时，你要考虑授权了！

通过有效授权，领导者不但可以从权力的烦恼中走出来，而且被授权者感受到责任感，会增加工作的自主性，提高自我管理能力，从而获得更快的个人成长。总之，有效授权能为企业带来较高的激励水平、高效率的团队和优异的业绩。

参考文献

[1] 丹·柏秉斯基. 团队正能量：带队伍就是带人心 [M]. 邓鑫，译. 北京：中国友谊出版社，2012.

[2] 麦田. 要做就做到最好 [M]. 北京：中国工人出版社，2005.

[3] 赵伟. 给你一个团队，你能怎么管 [M]. 南京：江苏文艺出版社，2013.

[4] 曾仕强，杨志雄. 中国式带队伍：带队伍就是带人心 [M]. 广州：广东经济出版社，2014.

[5] 萧萧，毛金兰. 团队的凝聚力：世界 500 强精英团队制胜之道 [M]. 北京：中国物资出版社，2006.

[6] 科里·帕特森. 关键责任：如何把人际关系危机转化为合作共赢 [M]. 毕崇毅，译. 北京：机械工业出版社，2014.

[7] 张智慧. 团队精神Ⅱ：打造黄金团队 [M]. 北京：新华出版社，2007.

[8] 余世维. 打造高绩效团队 [M]. 北京：北京联合出版社，2012.

[9] 程韵. 沟通无极限：用沟通化解难题的 106 个智慧 [M]. 北京：海潮出版社，2007.

后 记

团队“动心”，从胜利走向胜利

从古至今,管理的思想变化了无数次，但思想的核心却一直延用至今。那就是：管人先管心。我们古代兵家一直讲究“攻城为下，攻心为上”。明朝儒家思想代表人物王阳明不仅是一代大思想家，更是一个身经百战、几乎战无不胜的常胜将军。在一次剿灭盗匪的过程中，他说：“山中之贼易剿，心中之贼难除！”意思是说，剿灭山中盗贼，是一件相对容易的事，但要让人们打心底不产生当盗贼的念头，则是一件非常困难的事情。正是因为他明白了对人们“内心”的关照，所以，他就从解决当地人民的疾苦入手，让大家都能够安居乐业，内心喜悦。果然，这一做法切断了匪患产生的根源，取得了良好效果。

管理的根本之道是什么？是建立在人的内在心灵之上进行管理。曾仕强说：“管理就是心的互动。我们能不能团结一致，就是我的心能不能交给你，你的心能不能交给我。西方的管理一直重视手和脑，我们更重视心。”“什么叫‘领导’？领导就是抓心的。”管理永远是与人打交道，“懂得人的心，并直接攻击他的心”，你便掌握了开启成功管理组织或团队的钥匙。不论是管人还是理事，从心灵入手，就能取得纲举目张的管理效果。

人的行为受心灵控制，抓住了“人心”便统一了人们的行为，团队便有了凝聚力。任何一个管理者，如果不重视管理“内心”，而仅仅着眼于外在的行为，那么，他的团队迟早会陷入困境之中。

孙子兵法商学苑创办人刘兆基曾讲过一个关于曹操的例子，他说：“曹操没有成功！相反，他很失败，而且最失败！失败于凝聚了利益，而不是凝聚人心。曹操最善用利益交换，利益交换的原则向来都见效快，效果明显。但人心隔肚皮，曹操手下的英雄是不是心往一处想，劲向一处使就难说了。后来怎样？最先亡国的正是魏国，只不过，这种亡国不是来自外敌，而是内讧。”曹操凝聚了利益，而不是凝聚人心，人心未动，人心不能“统一”，到头来，成了为他人做嫁衣，便宜了司马家。

世界上最无价的东西就是人心，成也人心，败也人心；得也人心，失也人心。一切的成败得失，只在人心。所以，管理要成功，就必须要让企业上上下下“动心”，只有“起心动念”了，才能从根源上增强员工对企业的忠诚度，并使他们的忠诚度不断提高。企业才能从失败走向胜利，从胜利再走向更大的胜利！

作 者

2015 年 3 月